国家中等职业教育改革发展示范学校规划教材·市场营销专业

企业管理实战

主　编　李素芳

副主编　苏国锦　杨　敏

中国财富出版社

图书在版编目（CIP）数据

企业管理实战／李素芳主编 . —北京：中国财富出版社，2015.3
（国家中等职业教育改革发展示范学校规划教材 . 市场营销专业）
ISBN 978 - 7 - 5047 - 5649 - 7

Ⅰ . ①企…　Ⅱ . ①李…　Ⅲ . ①企业管理—中等专业学校—教材　Ⅳ . ①F270

中国版本图书馆 CIP 数据核字（2015）第 070789 号

策划编辑　惠　婳		**责任印制**　何崇杭	
责任编辑　孙会香　惠　婳		**责任校对**　梁　凡	

出版发行	中国财富出版社		
社　　址	北京市丰台区南四环西路 188 号 5 区 20 楼	**邮政编码**	100070
电　　话	010 - 52227568（发行部）	010 - 52227588 转 307（总编室）	
	010 - 68589540（读者服务部）	010 - 52227588 转 305（质检部）	
网　　址	http://www.cfpress.com.cn		
经　　销	新华书店		
印　　刷	中国农业出版社印刷厂		
书　　号	ISBN 978 - 7 - 5047 - 5649 - 7/F · 2350		
开　　本	787mm×1092mm　1/16	**版　次**	2015 年 3 月第 1 版
印　　张	11	**印　次**	2015 年 3 月第 1 次印刷
字　　数	228 千字	**定　价**	28.00 元

国家中等职业教育改革发展示范学校
规划教材编审委员会

前　言

　　企业管理实战作为系统研究现代企业的运作规律、管理方法、实训技巧的一门学科，是市场营销专业重要的组成部分。企业管理实战是学生在校学习期间培养学生综合职业能力的重要课程，是学生了解企业和社会的重要窗口，是实现"学校中的职场"的重要途径。

　　为满足社会对企业管理教育的需求，提升学习者的管理素质和综合职业能力，加强学生的企业管理实战技能，我们按照教育部关于中等职业学校人才培养目标的要求，针对中等职业学校教学的实际需要，编写了本书。本书按照"校企合作"人才培养模式的要求，采用"基于工作过程导向——工作过程系统化课程"设计方法，以工作过程为导向，以项目和工作任务为载体，进行工作过程系统化课程设计。本书将企业管理主要内容分成五个项目和若干个具体的工作任务，组成完整的《企业管理实战》，既贯彻先进的中职理念，又注重教材的实战性和完整性，以使学生具备一定的可持续发展能力，较好地实现了中职教材一直提倡但又难以实现的"实战必需、够用"的要求。

　　与传统学科教材相比，本书在定位与设计方面有以下特点。

　　（1）博采众长，力求创新，在借鉴国内中职学校相关教材知识体系和结构的基础上，努力做到体系完整、重点突出，并充分体现现代企业管理理论与实践的最新进展和发展趋势，以形成独具特色的结构体系。

　　（2）采用项目方式编写，针对中职学校教学实际和财经管理专业培养目标，结合学生实际情况，以能力培养为主线，构建教材体系。

　　为了更加完善本教材的内容，与河北非凡集团进行长期合作，力求达到企业对人才的需求标准。河北非凡集团的董事长李凤起先生参编了本书的项目三——企业战略管理。

　　本书由李素芳任主编，苏国锦、杨敏任副主编。同时，孙明贺、张从罗、邵新、鲍炜磊、何丽丽参与编写。在此，一并表示衷心的感谢。

　　由于编者知识水平所限，教材中难免有疏漏之处，恳请广大读者提出宝贵意见，我们将及时进行补充和修正。

编　者

2015 年 1 月

目　录

目 录

项目一　财务小管家

任务一　初识企业财务管理

试一试

认真分析一份资产负债表。

想一想

企业可以选择哪些方式筹集资金？

经典赏析

利洁公司是辽宁省的一家物业保洁公司，在近六年的发展中，处于同行业领先发展的优势，连续三年利润增长率在10%以上。2006年，企业拟扩大经营项目，引进先进的生产设备。该设备的引进不仅可以提高保洁员工的工作效率，同时也为承揽技术含量高的保洁业务做准备。该设备价款100万元，公司计划从银行获取贷款，贷款的年利率为10%，贷款期限10年。银行提出以下四种还款方式让公司自行选定，以便签订借款合同。

（1）每年只付利息，债务期末一次付清本金。

（2）全部本息到债务期末一次付清。

（3）在债务期间每年均匀偿还本利和。

（4）在债期过半后，每年再均匀偿还本利和。

（资料来源：《财务管理案例精选精析》，刘淑茹、赵明晓等编著，中国社会科学出版社，2008 年 7 月）

评一评

利洁公司怎样还银行的贷款最为经济？

相关知识

一、初识企业财务管理

（一）财务管理的含义

企业财务管理是企业组织资金运动、处理财务关系的一系列经济管理活动的总称，是企业经营管理的一项重要内容。

（二）财务管理的内容

企业的财务活动是企业组织生产和经营的必要条件。在生产经营过程中，企业必须用各种方式，通过不同的渠道，以最低的代价筹集一定数量的资金，用于各项必要的投资和生产经营的各个方面，谋求最大限度的资金运用效果，并对现实的利润进行合理的分配，以保证资金积累和股东的收益。所以资金筹集、资金投资、资金营运、收益分配和财务分析是企业财务活动的主要内容。以下主要给大家介绍筹资管理、投资管理和财务分析三方面内容。

（三）财务管理的目标

企业财务管理的目标是评价财务活动是否合理的基本准则，取决于企业生存发展的方向，必须与企业战略目标相一致。具有代表性的财务管理目标主要有以下几种观点。

1. 利润最大化

利润最大化的观点认为，利润代表新创造的价值，利润增长代表企业财富的增长。以利润最大化作为企业财务管理的目标，有利于企业经济效益的提高，存在一定的合理性。但其局限性也很明显，表现在：这里的利润是指企业一定时期内实现的利润总额，没有考虑到资金的时间价值；利润是一个绝对数，它忽略了与投资额的联系，难以反映投入与产出的对比，不能评价规模不同的两个企业或同一个企业不同期间财务管理的质量；忽略不同方案之间的风险差异，忽视了高利润往往需要承担高风险；片面追求利润最大化，可能忽视产品质量、人才开发、生产安全、技术装备水平和社会道德及责任，容易导致企业短期行为，不利于企业长远发展。

知识拓展：

资金的时间价值是指作为资本投入的资金在不同的时点上具有的不同价值。

例如，2009 年年初的 100 元和 2009 年年末的 100 元的价值是不同的，除了通货膨胀因素，还有利率因素。

假设年利率是 5%，考虑资金时间价值的话，那 2009 年年初的 100 元就相当于 2009 年年末的 105 元，即：$100 \times (1 + 5\%) = 105$。

2. 每股收益最大化

每股收益表现为净利润与股份数的比值。每股收益最大化的优点是将企业盈利与股东投入资本联系起来，能够说明企业的盈利水平，可以在不同资本规模的企业或同一企业不同期间进行比较，有利于揭示盈利水平的差异。其局限性表现在：忽略每股收益获得的时间性；没有考虑每股收益的风险；没有考虑股利支付政策等。因此，每股收益最大化也不是一个令人满意的财务管理目标。

3. 股东财富最大化

股东财富最大化是指通过财务上的合理经营，使企业股东的财富达到最大。股东财富最大化，可演化为股票价格最大化。这是因为股东财富是由其所拥有的股票价格决定的，即股票价格达到最高时，则股东财富也达到最大。股东财富最大化目标与利润最大化目标相比，具有以下优点：便于计量、考核和奖惩；股东财富最大化目标能够克服企业在追求利润上的短期行为；能够科学地考虑风险因素。但是股东财富最大化的缺点是只考虑股东利益，忽视企业及股东以外的其他员工的利益，不利于调动企业员工的积极性，不利于企业的长远发展。

4. 企业价值最大化

企业价值最大化的目标是指通过企业财务上的合理经营，采用最优的财务政策，充分考虑资金的时间价值和风险与报酬的关系，以求企业整体价值达到最大。以企业价值最大化作为企业财务管理的目标，其优点表现为：充分地考虑到了包括企业股东及员工在内的所有人的利益，有利于调动员工的积极性，有利于保持员工队伍的稳定；科学地考虑了风险与收益之间的关系；科学地考虑了资金的时间价值；企业价值最大化这个整体目标的设置能够有效地克服企业追求短期利益的短视行为，有利于企业的长远发展。

因此，现代企业财务管理的目标不仅需要综合考虑资金的时间价值、风险与收益的关系，同时需要注意调动员工的积极性、保持员工队伍的稳定性、培养员工的归属感，同心协力实现企业价值最大化。

（四）财务管理环节

要做好企业财务管理工作，实现财务管理的目标和任务，必须要掌握好财务管理的基本环节。财务管理的基本环节是指财务管理的各个阶段，主要包括进行财务预测与决策、编制财务计划、加强财务控制和开展财务分析。

1. 进行财务预测与决策

财务预测是指根据财务活动的历史资料，考虑现实的要求和条件，对企业未来的财务活动和财务成果作出科学的预计和预算的过程。通过财务预测，可以测算各项生产经营方案的经济效益，为企业决策提供可靠的依据。企业财务预测的环节包括明确预测对象和目标；收集和整理资料；确定预测方法，利用预测模型进行测算；确定最优值，提出最佳预测方案。

财务决策是指财务人员按照财务目标的总体要求，利用各种方法对备选方案进行分析比较，从中选出最佳方案的过程。财务决策是以财务预测为基础的。

2. 编制财务计划

财务计划是指在一定时期内以货币形式综合反映企业资金运动和财务成果的形成和分配计划。财务计划是组织和指导企业财务活动及处理财务关系的重要依据，企业的财务计划主要包括资金筹措计划、流动资产周转计划、固定资产投资及折旧计划、成本费用计划、对外投资计划和收入及利润分配计划等。

3. 加强财务控制

财务控制是指在企业经营过程中，企业财务人员利用有关信息和措施对企业财务活动进行计算和审核，以实现财务目标的活动。企业财务控制的方法有事前财务控制、事中财务控制和事后财务控制三种。

4. 开展财务分析

财务分析是指以核算资料为主要依据，对企业财务活动的过程和结果进行调查研究，评价计划完成情况，分析影响计划执行的因素，挖掘企业潜力，提出改进措施。财务分析主要是对企业的偿债能力、营运能力、盈利能力状况进行分析。

二、企业财务分析

（一）财务分析的含义

财务分析是指以企业财务报表和其他相关资料为依据，采用一系列定性与定量分析技术和方法，对企业筹资活动、投资活动、经营活动的成果和状况进行分析和评价，为企业投资者、债权人、经营者及其他关心企业的组织或个人提供准确信息以便作出决策的一项活动。

（二）财务分析的基础

财务分析主要以财务报告为基础，日常核算资料只能作为财务分析的一种补充资料。企业的财务报告主要包括资产负债表、利润表、现金流量表和财务状况说明书。下面主要介绍进行财务分析常用的三张基本报表：资产负债表、利润表、现金流量表。

1. 资产负债表

资产负债表的内涵：资产也包括应收账款，即以信用方式购货的客户欠公司的钱。负债是公司欠别的公司或个人的资金额，负债必须在某个固定日期前，以某种理由进行偿还。

大多数负债公司欠供货商和贷款商的，一个普遍的例外是应付税款，这是欠政府的。

负债因过去发生的交易而出现，例如，有人送货给你，附带了发票，你可以30天以后付款，这张发票就是负债所有者权益是资产减去负债后留给所有者的余额。

另一个表示方式是：资产－负债＝所有者权益。

简单的意思就是说，股东拥有资产并欠债，从所拥有的资产当中扣除所欠的，就是所有者在公司的实际权益，也是公司的实际价值。所有者权益也叫作净价值。

资产负债表显示一定时期内（通常是一个季度期末或财政季度末）的资产、负债和所有者权益。资产负债表的公式是：资产＝负债＋所有者权益。

资产负债表通常被描述成公司的"定格快照"，因为它是在某一天时公司账户的写照。

这个公式与所有者权益的计算公式有点不同，这个公式表达三种意思：第一，资产负债表中，资产表本在左边，负债和所有者权益在右边（有的出于格式和距离的原因，资产在上面，负债和所有者权益在下面，无论怎样表示，概念是一样的：资产＝负债＋所有者权益）。第二，资产负债表必须平衡，资产必须等于负债加所有者权益。第三，资产由负债和所有者权益提供融资，负债和所有者权益为资产提供资金，资产用来生产现金以偿还负债，并给所有者带来利润。

资金就是这样在企业流通的，所有者给公司投资，供货商提供信用，这样便产生所有者权益和负债。公司管理层利用这笔资金购买资产。资产产生现金，然后流回到资产负债表的右边，偿还负债，剩余作为所有者的利润。

资产负债表是反映企业某一特定日期（如月末、年末）财务状况的会计报表，是一种静态财务状况表。它以"资产=负债+所有者权益"这一会计等式为根据，按照一定的分类标准和次序反映企业在某一时点上的资产、负债及所有者权益的基本状况。

要想看懂资产负债表，首先要了解资金是如何出入公司的。公司的每笔交易要么是现金流入，要么是现金流出。大多数现金流入来源于销售，有些来自贷款；多数现金流出来自费用，如公司购买原材料、付工资、付贷款利息等，这样公司就发生费用。

总之，公司拥有的每一样东西都可以列为资产，例如家具、库存、设备、建筑物、银行的现金和公司的小额现金等。资产有一个共性，就是用来生产现金。如果资产不能产生现金，就不属于资产，不能记入资产项下，资产负债表样本如表1-1所示。

表1-1 资产负债表

编制单位： 年 月 单位：万元

资产	行次	年初余额	期末余额	负债及所有者权益	行次	年初余额	期末余额
流动资产：				流动负债：			
货币资金	1			短期借款	46		
交易性金融资产	2			应付票据	47		
应收票据	3			应付账款	48		
应收股利	4			预收账款	49		
应收利息	5			其他应付款	50		
应收账款	6			应付工资	51		
其他应收款	7			应付福利费	52		
预付账款	8			未交税金	53		
存货	9			未付利润	54		
一年内到期的非流动资产	10			其他未交款	55		
其他流动资金	11			预提费用	56		
流动资产合计	12						
非流动资产：				一年内到期的长期负债	57		
可供出售金融资产	14			其他流动负债	58		
持有出售金融资产	15						
持有至到期投资	16						
投资性房地产							
	20			流动负债合计	65		
长期投资：				长期负债：			
长期投资	21			长期借款	66		

资产	行次	年初余额	期末余额	负债及所有者权益	行次	年初余额	期末余额
固定资产：				应付债券	67		
固定资产原价	24			长期应付款	68		
减：累计折旧	25			其他长期负债	69		
固定资产净值	26			其中：住房周转金	70		
固定资产清理	27						
在建工程	28						
待处理固定资产净损失	29			长期负债合计	76		
固定资产合计	35			递延税项：			
无形资产及递延资产：				递延税款贷项	77		
无形资产	36			负债合计	80		
递延资产	37			所有者权益：			
无形资产及递延资产合计	40			实收资本	81		
其他长期资产：				资本公积	82		
其他长期资产	41			盈余公积	83		
递延税项：				其中：公益金	84		
递延税款借项	42			未分配利润	85		
				所有者权益合计	88		
资产总计	45			负债及所有者权益总计			

资产负债表填制方法：资产负债表各项目的填制方法，包括"年初余额"的填列和"期末余额"的填列。

"年初余额"栏内的各项数字，应根据上年年末资产负债表的"期末余额"栏内所列数字填列。如果本年度资产负债表规定的各个项目的名称和内容与上年不一致，应对上年年末资产负债表各个项目的名称和数字按照本年度的规定进行调整，按调整后的数字填入资产负债表的"年初余额"栏内。

"期末余额"的填列方法有直接填列法和分析计算填列法两种。具体数据可以通过以下几种方式取得：根据总账账户余额直接填列；根据总账账户余额计算填列；根据明细账户余额计算填列；根据总账账户和明细账户余额分析计算填列；根据总账账户余额减去其备抵项目后的净额填列。根据最新的"资产负债表"规定项目，提出"期末余额"各项目的具体内容和填列方法如下。

（1）"货币资金"项目反映企业库存现金、银行基本存款户存款、银行一般存款户存款、外埠存款、银行汇票存款等的合计数。本项目应根据"现金""银行存款""其他货币资金"账户的期末余额合计数填列。

（2）"交易性金融资产"项目反映企业为交易目的而持有的债券投资、股票投资、基金投资等交易性金融资产的公允价值。本项目应根据"交易性金融资产"账户的期末余额填列。

（3）"应收票据"项目反映企业收到的未到期收款而且也未向银行贴现的商业承兑汇票和银行承兑汇票等应收票据余额，减去已计提的坏账准备后的净额。本项目应根据"应收票据"账户的期末余额减去"坏账准备"账户中有关应收票据计提的坏账准备余额后的金额填列。

（4）"应收账款"项目反映企业因销售商品、提供劳务等而应向购买单位收取的各种款项，减去已计提的坏账准备后的净额。本项目应根据"应收账款"和"预收账款"账户所属各明细账户的期末借方余额合计，减去"坏账准备"账户中有关应收账款计提的坏账准备期末余额后的金额填列。

（5）"预付账款"项目反映企业预收的款项，减去已计提的坏账准备后的净额。本项目根据"预付账款"和"应付账款"账户所属各明细账户的期末借方余额合计，减去"坏账准备"账户中有关预付账款计提的坏账准备期末余额后的金额填列。

（6）"应收利息"项目反映企业因持有交易性金融资产、持有至到期投资和可供出售金融资产等应收取的利息。本项目应根据"应收利息"账户的期末余额填列。

（7）"应收股利"项目反映企业应收取的现金股利和应收取其他单位分配的利润。本项目根据"应收股利"账户期末余额填列。

（8）"其他应收款"项目反映企业对其他单位和个人的应收和暂付的款项，减去已计提的坏账准备后的净额。本项目应根据"其他应收款"账户的期末余额，减去"坏账准备"账户中有关其他应收款计提的坏账准备期末余额后的金额填列。

（9）"存货"项目反映企业期末在库、在途和在加工中的各项存货的可变现净值，包括各种原材料、商品、在产品、半成品、发出商品、包装物、低值易耗品和委托代销商品等。本项目应根据"在途物资（材料采购）""原材料""库存商品""周转材料""委托加工物资""生产成本"和"劳务成本"等账户的期末余额合计，减去"存货跌价准备"账户期末余额后的金额填列。材料采用计划成本核算及库存商品采用计划成本或售价核算的小企业，应按加或减材料成本差异、减商品进销差价后的金额填列。

（10）"一年内到期的非流动资产"项目反映企业非流动资产项目中在一年内到期的金额，包括一年内到期的持有至到期投资、长期待摊费用和一年内可收回的长期应收款。本项目应根据上述账户分析计算后填列。

（11）"其他流动资产"项目反映企业除以上流动资产项目外的其他流动资产，本项目应根据有关账户的期末余额填列。

（12）"可供出售金融资产"项目反映企业持有的可供出售金融资产的公允价值。本项目根据"可供出售金融资产"账户期末余额填列。

（13）"持有至到期投资"项目反映企业持有至到期投资的摊余价值。本项目根据"持有至到期投资"账户期末余额减去一年内到期的投资部分和"持有至到期投资减值准备"账户期末余额后填列。

（14）"长期应收款"项目反映企业长期应收款净额。本项目根据"长期应收款"期末余额，减去一年内到期的部分、"未确认融资收益"账户期末余额、"坏账准备"账户中按长期应收款计提的坏账损失后的金额填列。

（15）"长期股权投资"项目反映企业不准备在1年内（含1年）变现的各种股权性质投资的账面余额，减去减值准备后的净额。本项目应根据"长期股权投资"账户的期末余额减去"长期股权投资减值准备"账户期末余额后填列。

（16）"固定资产"项目反映企业固定资产的净值。本项目根据"固定资产"账户期末余额，减去"累计折旧"和"固定资产减值准备"账户期末余额后填列。

（17）"在建工程"项目反映企业尚未达到预定可使用状态的在建工程价值。本项目根据"在建工程"账户期末余额，减去"在建工程减值准备"账户期末余额后填列。

（18）"工程物资"项目反映企业为在建工程准备的各种物资的价值。本项目根据"工程物资"账户期末余额，减去"工程物资减值准备"账户期末余额后填列。

（19）"固定资产清理"项目反映企业因出售、毁损、报废等原因转入清理但尚未清理完毕的固定资产的账面价值，以及固定资产清理过程中所发生的清理费用和变价收入等各项金额的差额。本项目应根据"固定资产清理"账户的期末借方余额填列，如"固定资产清理"账户期末为贷方余额，以"－"号填列。

（20）"无形资产"项目反映企业持有的各项无形资产的净值。本项目应根据"无形资产"账户期末余额，减去"累计摊销"和"无形资产减值准备"账户的期末余额填列。

（21）"开发支出"项目反映企业开发无形资产过程中发生的、尚未形成无形资产成本的支出。本项目根据"开发支出"账户的期末余额填列。

（22）"长期待摊费用"项目反映小企业尚未摊销的摊销期限在 1 年以上（不含 1 年）的各项费用。本项目应根据"长期待摊费用"账户的期末余额减去将于 1 年内（含 1 年）摊销的数额后的金额填列。

（23）"商誉"项目反映企业商誉的价值。本项目根据"商誉"账户期末余额填列。

（24）"递延所得税资产"项目反映企业应可抵扣暂时性差异形成的递延所得税资产。本项目根据"递延所得税资产"账户期末余额填列。

（25）"其他长期资产"项目反映企业除以上资产以外的其他长期资产。本项目应根据有关账户的期末余额填列。

（26）"短期借款"项目反映企业借入尚未归还的 1 年期以下（含 1 年）的借款。本项目应根据"短期借款"账户的期末余额填列。

（27）"交易性金融负债"项目反映企业发行短期债券等所形成的交易性金融负债公允价值。本项目根据"交易性金融负债"账户期末余额填列。

（28）"应付票据"项目反映企业为了抵付货款等而开出并承兑的、尚未到期付款的应付票据，包括银行承兑汇票和商业承兑汇票。本项目应根据"应付票据"账户的期末余额填列。

（29）"应付账款"项目反映企业购买原材料、商品和接受劳务供应等而应付给供应单位的款项。本项目应根据"应付账款"和"预付账款"账户所属各明细账户的期末贷方余额合计填列。

（30）"预收账款"项目反映企业按合同规定预收的款项。本项目根据"预收账款"和"应收账款"账户所属各明细账户的期末贷方余额合计填列。

（31）"应付职工薪酬"项目反映企业应付未付的工资和社会保险费等职工薪酬。本项目应根据"应付职工薪酬"账户的期末贷方余额填列，如"应付职工薪酬"账户期末为借方余额，以"－"号填列。

（32）"应交税费"项目反映企业期末未交、多交或未抵扣的各种税金。本项目应根据"应交税费"账户的期末贷方余额填列，如"应交税费"账户期末为借方余额，以"－"号填列。

（33）"应付利息"项目反映企业应付未付的各种利息。本项目根据"应付利息"账户期末余额填列。

（34）"应付股利"项目反映企业尚未支付的现金股利或利润。本项目应根据"应付股利"账户的期末余额填列。

（35）"其他应付款"项目反映企业所有应付和暂收其他单位和个人的款项。本项目应根据"其他应付款"账户的期末余额填列。

（36）"一年内到期的非流动负债"项目反映企业各种非流动负债在一年之内到期的金额，包括一年内到期的长期借款、长期应付款和应付债券。本项目应根据上述账户分析计算后填列。

（37）"其他流动负债"项目反映企业除以上流动负债以外的其他流动负债。本项目应根据有关账户的期末余额填列。

（38）"长期借款"项目反映企业借入尚未归还的 1 年期以上（不含 1 年）的各期借款。本项目应根据"长期借款"账户的期末余额减去一年内到期部分的金额填列。

（39）"应付债券"项目反映企业尚未偿还的长期债券摊余价值。本项目根据"应付债券"账户期末余额减去一年内到期部分的金额填列。

（40）"长期应付款"项目反映企业除长期借款、应付债券以外的各种长期应付款。本项目应根据"长期应付款"账户的期末余额，减去"未确认融资费用"账户期末余额和一年内到期部分的长期应付款后填列。

（41）"预计负债"项目反映企业计提的各种预计负债。本项目根据"预计负债"账户期末余额填列。

（42）"递延所得税负债"项目反映企业根据应纳税暂时性差异确认的递延所得税负债。本项目根据"递延所得税负债"账户期末余额填列。

（43）"其他长期负债"项目反映企业除以上长期负债项目以外的其他长期负债。本项目应根据有关账户的期末余额填列。

（44）"股本"项目反映企业各投资者实际投入的资本总额。本项目应根据"股本（实收资本）"账户的期末余额填列。

（45）"资本公积"项目反映企业资本公积的期末余额。本项目应根据"资本公积"账户的期末余额填列，其中"库存股"按"库存股"账户余额填列。

（46）"盈余公积"项目反映企业盈余公积的期末余额。本项目应根据"盈余公积"账户的期末余额填列。

（47）"未分配利润"项目反映企业尚未分配的利润。本项目应根据"本年利润"账户和"利润分配"账户的期末余额计算填列，如为未弥补的亏损，在本项目内以"－"号填列。

资产负债表计算等式如下。

资产：

（1）货币资金 = 现金 + 银行存款 + 其他货币资金

（2）短期投资 = 短期投资 － 短期投资跌价准备

（3）应收票据＝应收票据

（4）应收账款＝应收账款（借）＋预收账款（借）－应计提"应收账款"的"坏账准备"

（5）预收账款＝应收账款（贷）＋预收账款（贷）

（6）其他应收款＝其他应收款－应计提"其他应收款"的"坏账准备"

（7）存货＝各种材料＋商品＋在产品＋半成品＋包装物＋低值易耗品＋委托货销商品等

存货＝材料＋低值易耗品＋库存商品＋委托加工物资＋委托代销商品＋生产成本等－存货跌价准备

材料采用计划成本核算以及库存商品采用计划成本或售价核算的企业，应按加或减材料成本差异、商品进销差价后的金额填列。

（8）待摊费用＝待摊费用［除摊销期限 1 年以上（不含 1 年）的其他待摊费用］

（9）其他流动资产＝小企业除以上流动资产项目外的其他流动资产

（10）长期股权投资＝长期股权投资［小企业不准备在 1 年内（含 1 年）变现的各种投权性质投资账面全额］

（11）长期债权投资＝长期债权投资［小企业不准备在 1 年内（含 1 年）变现的各种债权性质投资的账面余额。长期债权投资中，将于 1 年内到期的长期债权投资，应在流动资产类下"1 年内到期的长期债权投资"项目单独反映］

（12）固定资产原价＝固定资产（融资租入的固定资产，其原价也包括在内）

（13）累计折旧＝累计折旧（融资租入的固定资产，其已提折旧也包括在内）

（14）工程物资＝工程物资

（15）固定资产清理＝固定资产清理（借）（"固定资产清理"科目期末为贷方余额，以"－"号填列）

（16）无形资产＝无形资产

（17）长期待摊费用＝"长期待摊费用"期末余额－"将于 1 年内（含 1 年）摊销的数额"

（18）其他长期资产＝小企业除以上资产以外的其他长期资产

负债：

（1）短期借款＝短期借款

（2）应付票据＝应付票据

（3）应付账款＝应付账款（贷）＋预付账款（贷）

（4）预付账款＝应付账款（借）＋预付账款（借）

（5）应付工资＝应付工资（贷）（"应付工资"科目期末为借方余额，以"－"号

填列)

（6）应付福利费 = 应付福利费

（7）应付利润 = 应付利润

（8）应交税金 = 应交税金（贷）（"应交税金"科目期末为借方余额，以"－"号填列）

（9）其他应交款 = 其他应交款（贷）（"其他应交款"科目期末为借方余额，以"－"号填列）

（10）其他应付款 = 其他应付款

（11）预提费用 = 预提费用（贷）（"预提费用"科目期末为借方余额，应合并在"待摊费用"项目内反映）

（12）其他流动负债 = 小企业除以上流动负债以外的其他流动负债

（13）长期借款 = 长期借款

（14）长期应付款 = 长期应付款

（15）其他长期负债 = 反映小企业除以上长期负债项目以外的其他长期负债（包括小企业接受捐赠记入"待转资产价值"科目尚未转入资本公积的余额。本项目应根据有关科目的期末余额填列。上述长期负债各项目中将于1年内（含1年）到期的长期负债，应在"1年内到期的长期负债"项目内单独反映。上述长期负债各项目均应根据有关科目期末余额减去将于1年内（含1年）到期的长期负债后的金额填列）

所有者权益：

（1）实收资本 = 实收资本

（2）资本公积 = 资本公积

（3）盈余公积 = 盈余公积

（4）法定公益金 = "盈余公积"所属的"法定公益金"期末余额

（5）未分配利润 = 本年利润 + 利润分配（未弥补的亏损，在本项目内以"－"号填列）

（6）应付职工薪酬 = 应付工资 + 其他应交款（应付职工工资附加费等支付给个人款项）+ 其他应付款（职工教育经费）

2. 利润表

利润表也称损益表，是反映企业在一定期间内（如月份、年度）生产经营成果的财务报表。利润表是以"利润 = 收入 － 费用"这一会计等式为依据编制而成的，综合反映了企业在一定时期内的主营业务收入、主营业务成本、主营业务利润、投资收益、利润总额及净利润等经营成果，帮助报表使用者了解公司的经营业绩。利润表样表如表1－2所示。

表 1 – 2   **利润表**

年   月   日   单位：元   编制单位

项　目	行次	本月数	本年累计数
一、主营业务收入	1		
减：主营业务成本	4		
主营业务税金及附加	5		
二、主营业务利润（亏损以"－"号填列）	10		
加：其他业务利润（亏损以"－"号填列）	11		
减：营业费用	14		
管理费用	15		
财务费用	16		
三、营业利润（亏损以"－"号填列）	18		
加：投资收益（损失以"－"号填列）	19		
营业外收入	23		
减：营业外支出	25		
四、利润总额（亏损总额以"－"号填列）	27		
减：所得税	28		
五、净利润（净亏损以"－"号填列）	30		

3. 现金流量表

现金流量表是以现金及现金等价物为基础编制的财务状况变动表，它为会计报表使用者提供企业在一定会计期间内现金和现金等价物流入及流出的具体信息，从而使其了解企业获取现金和现金等价物的能力。

三、企业筹资管理

（一）企业筹资的目的

筹资管理是指企业对资金筹集活动的管理。资金筹集是指企业为了满足生产经营活动的需要，通过一定渠道和方式筹集资金的行为。企业之所以需要筹集资金，主要有以下几方面原因。

1. 设立企业需要筹资

法律规定企业在创建设立时必须符合设立条件和设立程序要求，包括符合最低注册资本金的要求、必须有固定的经营场所和必备的生产经营条件，以及必须到工商、税务、银行、会计师事务所等相关部门办理相应的设立登记手续等。所有的条件和程序都对企业主的资金实力提出了一定的要求，而企业主往往自有资金不足，此时需要筹集资金。

2. 扩大规模需要筹资

随着企业的发展壮大，企业需要添置新设备、开发新技术、招聘新员工和投资新项目，这都需要企业进一步投入资金，以满足企业日益扩大的规模需要，此时需要筹集资金。

3. 偿还债务需要筹资

现代企业负债经营普遍存在，其原因是为了获得财务杠杆利益和满足经营周转的临时需要。债务到期必须偿还，如果企业当下现金支付能力不足，或虽有一定的支付能力但支付后将影响资本结构的合理性时，便产生了筹资需要。

4. 优化财务结构需要筹资

由于在不同时期采用不同的筹资方式或不同的筹资组合，会产生不同的资本结构，企业全部资本中自由资本与债务资本、长期资金与短期资金的构成与比重是企业的一个重要财务结构问题，直接关系到所有者、债权人及其他有关各方面的利益。为此，企业必须使财务结构优化以符合财务目标，这就需要选择不同的筹资方式来筹集资金，使财务结构趋向合理。

5. 应对突发事件需要筹资

企业经营中常有突发事件出现，如临时接到大订单使资金供应需求剧增、金融危机导致某些筹资计划中止、被迫进行反收购等，在这些情况下企业需要迅速筹资以化解突发事件带来的危机。

（二）企业筹资的方式

企业筹集资金的来源和渠道很多，具体包括国家财政资金筹集、银行信贷资金筹集、非银行机构资金筹集、其他单位资金筹集、社会和企业内部员工集资、外商投资筹集及企业自留资金筹集等。无论资金最终从何处筹集，企业筹集资金的方式不外乎两种：权益资金筹集和负债资金筹集。

1. 权益资金筹集

权益资金筹集是指企业依法筹集并长期拥有、自主调配运用的资本，是企业最基本的筹资来源。权益资金筹集可以分为吸收直接投资筹资、发行股票筹资和留存收益筹资三种方式。

（1）吸收直接投资筹资。吸收直接投资是指企业按照共同经营、共担风险、共享利润的原则，采取书面合同的形式直接吸收国家、其他法人、个人、外商投入资金的一种方式。企业接受投资的方式可以是现金方式，也可以是房产、车辆、机器设备等实物形式，还可以是土地使用权、商标专利权等无形资产的形式。企业最乐于接受的直接投资是现金投资，因为现金使用方便灵活，不受限制。其他非现金方式的投资只能按照特定的功能加以使用，且作价评估手续繁杂，受限较多。

吸收直接投资有利于尽快形成生产经营规模，增强企业实力；有利于获取先进设备和先进技术，提高企业的生产水平；可以根据企业经营状况好坏，向投资者进行回报，财务风险较小。但是这种筹资方式成本较高，容易分散企业控制权。

（2）发行股票筹资。股票是企业签发的证明股东所持股份的凭证，是股份有限公司为筹集股权资本而发行的、表示股东按其持有的股份享有权益并承担义务的、可转让的书面凭证。股票应当载明公司名称、公司成立日期、股票种类、票面金额及代表的股份数、股票的编号等。它代表持股人对公司净资产的所有权。股票持有人即为公司股东。公司股东作为出资人按投入公司的资本额享有资产受益、公司重大决策和选择管理者的权利，并以其所持股份为限对公司承担责任。发行股票筹资是股份公司筹集资本的基本方式。

小组讨论：

请问是否所有的企业都能通过发行股票筹资？

股票可以按照不同的划分标准分为不同的类型：按照票面有无记名分为记名股票与无记名股票；按照投资主体的不同分为国家股、法人股、个人股和外资股；按照发行对象和上市地区分为 A 股、B 股、H 股、S 股和 N 股等；按照股东权利和义务分为普通股和优先股。在此我们主要介绍普通股和优先股。

我们经常听说 A 股、B 股、H 股、N 股和 S 股等，它们区分的主要依据是股票的上市地点和所面对的投资者。

A 股的正式名称是人民币普通股票。它是由我国境内公司发行，供境内机构、组织或个人（不含我国台湾、香港、澳门地区投资者）以人民币认购和交易的普通股股票。

B 股的正式名称是人民币特种股票。它是以人民币标明面值，以外币认购和买卖，在境内（上海和深圳）证券交易所上市交易的。它的投资人限于外国的自然人、法人和其他组织，我国香港、澳门、台湾地区的自然人、法人和其他组织，定居在国外的中国公民，中国证监会规定的其他投资人。现阶段 B 股的投资人主要是上述几类中的机构投资者。B 股公司的注册地和上市地在境内，只不过投资者在境外或中国香港、澳门和台湾。

H 股即注册地在内地、上市地在香港的外资股。香港的英文是 Hong Kong，取其字首，在港上市外资股就称为 H 股。

依次类推，纽约的第一个英文字母是 N，新加坡的第一个英文字母是 S，纽约和新加坡上市的股票就分别叫 N 股和 S 股。

①普通股。普通股是公司发行的代表股东享有平等的权利、义务，不加特别限制，股利不固定的股票。普通股是最基本的股票。通常情况下，股份有限公司只发行普通股。

普通股筹资的优点体现在：发行普通股筹措资本具有永久性，无到期日，不需归还，对保证公司对资本的最低需要和维持公司长期稳定发展极为有益；发行普通股筹资没有固定的股利负担，没有固定的到期还本付息的压力，所以筹资风险较小；发行普通股筹集的资本是公司最基本的资金来源，它反映了公司的实力，可作为其他方式筹资的基础，尤其可为债权人提供保障，增强公司的举债能力；由于普通股的预期收益较高，并可一定程度地抵消通货膨胀的影响（通常在通货膨胀期间，不动产升值时普通股也随之升值），因此普通股筹资容易吸收资金。

普通股筹资的缺点表现在：由于股利从税后利润中支付而不具有抵税作用等特征决定了其筹资成本较高；普通股筹资会增加新股东，可能会分散公司的控制权；新股东分享公司未发行新股前积累的盈余，会降低普通股的每股净收益，从而可能引发股价的下跌。

②优先股。优先股是公司发行的优先于普通股股东分取股利和公司剩余财产的股票。多数国家公司法规定，优先股可以在公司设立时发行，也可以在本公司增发新股时发行。但有些国家的法律则规定，优先股只能在特殊情况下，如公司增发新股或清理债务时才准发行。

优先股筹资优点很多，具体体现在：首先，优先股筹集的资本属于权益资本，通常没有到期日，即使其股息不能到期兑现也不会引发公司的破产，因而筹资后不增加财务风险，反而使筹资能力增强；其次，优先股股东一般没有投票权，不会使普通股股东的控制权受到威胁；最后，优先股的股息通常是固定的，在收益上升时期可为现有普通股股东"保存"大部分利润，具有一定的杠杆作用。

但是优先股筹资也有一定的缺点：首先，优先股筹资的成本比债券高，这是其股息不能抵冲税前利润所致；其次，有些优先股（累积优先股，参与优先股等）要求分享普通股的剩余所有权，降低其每股收益。

很多企业尤其是融资难的中小企业非常希望能够上市募集资金扩大规模谋求发展，但是很多国家的主板市场对企业上市条件要求非常严格，使得很多中小企业望而却步。为了解决中小企业上市融资难的问题，创业板市场应运而生。

创业板市场又被称为二板市场，是主板市场以外的市场，具有前瞻性、高风险、监管要求严格、有明显的高技术产业导向等特点。其主要目的是为高科技领域中运作良好、成长性强的新兴中小企业提供融资场所。考虑到新兴企业业务前景的不确定性，其上市条件低于主板市场。

2009 年 10 月 30 日，中国创业板首批 28 家包括华谊兄弟在内的公司在深圳证券交易所成功上市，为优秀的新兴企业发展壮大提供了更大的融资平台与更多的融资机会。

（3）留存收益筹资。留存收益筹资也称为内部筹资，它是指企业将实现利润的一部分甚至全部留下来作为资本来源的一种筹资方式。

留存收益筹资的具体方式有：按法定要求提取盈余公积金、当期利润不分配、向股东配发股票股利等。留存收益的实质是所有者向企业追加投资，对企业而言是一种筹资来源。

留存收益筹资的优点主要体现在：不发生筹资费用；由于资本利得税率一般低于股利收益税率，股东往往愿意将收益留存于企业而通过股票价格的上涨获得资本利得，从而避免取得现金股利而交较高的个人所得税，使企业的所有者获得税收上的利益；留存收益筹资在性质上属于权益资本，可提高企业信用和对外负债能力。

留存收益筹资的缺点主要体现在：留存收益的数量常常会遭到某些股东的限制，尤其会遭到依靠股利维持生活的股东的反对；留存收益过多，股利支付过少，可能会影响今后的部分筹资，同时不利于股票价格的提高，影响企业在证券市场上的形象。

2. 负债资金筹集

由于权益资金不能完全满足企业生产经营对资金的需要，出于扩大资金筹集渠道、节税及优化财务结构的考虑，企业经常会选择负债筹资方式。负债筹资主要包括借款筹资、发行债券筹资、融资租赁筹资和商业信用筹资四种方式。

（1）借款筹资。借款筹资指的是企业根据借款合同，向银行或者其他金融机构借入所需资金，到期需要还本付息的一种筹集资金方式。银行借款是目前企业借款筹资的主要方式。

银行借款的优点体现在：筹资速度快、成本低、借款弹性大。缺点是财务风险大、限制条款多、审批手续烦琐、筹资数额有限等。

中小企业向银行贷款难的事实已是众所周知。因为中小企业资金实力弱、难以提供保证和抵押，银行出于风险和收益的综合考虑，往往不太愿意向中小企业贷款。中小企业筹资难一直是阻碍他们发展的重要原因。

近年来兴起的典当筹资为中小企业主解决了燃眉之急。典当筹资，指中小企业在短期资金需求中利用典当行救急的特点，以质押或抵押的方式，从典当行获得资金的一种快速、便捷的融资方式。典当程序包括审当、验当、收当、保管和赎当五个步骤，方便快捷。

典当筹资与银行筹资相比具有小额性、短期性、安全性、便捷性等特点，筹资成本略高于银行贷款费用。

（2）发行债券筹资。债券是企业为筹集债务资金而发行的，约定在一定期限内向债权人还本付息的有价证券。发行债券是企业筹集债务资金的重要方式。

发行债券筹资与股票筹资相比，具有资金成本低、财务杠杆发挥得当、保障股东控制权的优点；与借款筹资相比，具有筹资范围广、筹资数额大的优点。但是其缺点也很明显，体现在：由于债券有固定到期日，且需要定期支付利息，当企业经营不景气时会导致较高财务风险；与借款或租赁融资相比，债券发行限制条件多且异常严格；筹资数量受法律规定的限制，且当负债比率超过一定程度后，会导致债权人投资风险、筹资成本急速上升。

（3）融资租赁筹资。融资租赁又称资本租赁或财务租赁，是由出租人按照承租企业的要求注资购买设备，并在契约或合同规定的较长期限内提供给承租企业使用的信用业务。承租企业之所以需要出租人购买设备后再租给自己使用，往往是因为所需设备价格太高而自身资金匮乏无力购买。因此，不难看出融资租赁的实质是为了筹资。

融资租赁筹资的优点是：能迅速获得所需设备，比采用别的筹资方式购买设备速度快，效率高；比企业采用发行债券或借款筹资等方式的限制条件少；融资租赁期限一般为资产使用寿命的75%，有效降低因设备更新换代过快而带来的淘汰风险；分期支付租金使企业资金支付压力减小，财务风险降低。

融资租赁筹资最主要的缺点就是资金成本高。一般来说，其租金要比银行借款或发行债券所负担的利息高得多，在企业财务困难时，固定的租金支付也会构成一项较沉重的负担；另外，承租企业如不能在租赁期结束后享受设备残值，也可认为是一项损失。

（4）商业信用筹资。商业信用是指商品交易中延期付款或延期交货所形成的借贷关系，是企业之间的一种直接信用关系。商业信用筹资是一种灵活多样、适用范围很广的短期资金筹措方式。商业信用主要包括赊购商品所形成的应付账款、延期交货所形成的预收账款及商业汇票三种方式。

利用商业信用筹资的优点是筹资便利、成本低，限制条件少。缺点是商业信用的期限一般比较短，如果企业取得现金折扣，则时间会更短。如果放弃现金折扣，则要付出较高的资金成本。

综上可见，不管是权益筹资还是负债筹资都有其优缺点。企业在面临资金压力时，需要综合考虑筹资成本、股东权益、税收支付、还款期限等因素，在保障股东权益的前提条件下优化财务结构，灵活运用各种筹资方式，更好地解决经营管理中遇到的筹资难题。

🛠 任务实施

实训背景：我国企业在稳定经济、出口创汇、解决就业、提供社会服务方面起着极其重要的作用。但是长期以来绝大多数企业尤其是中小企业一直存在着融资难、投资渠道不畅通、账目混乱、缺乏科学的财务分析方法等突出问题，严重地阻碍了企业的发展。

实训要求：

1. 企业可以选择哪些方式筹集资金？
2. 企业的投资渠道有哪些？

⊕ 任务反馈

_____

_____

_____

任务二　企业投资管理

📝 试一试

某小型信息技术公司准备给 15 名员工发年终奖，大概需要 20 万元。可是公司的几个项目还没有到结账时间，最早的一个还需要一个月以后才到期，账面现金吃紧。这时离过年还有 10 天，试着做一份方案：该公司应该通过何种方式筹集到这 20 万元发给员工。

👤 想一想

作为垄断行业的银行产业是否受到余额宝等新型行业的冲击？

经典赏析

西门子投资多元化

西门子发挥它的投资多元化作风，在多个领域进行投资。位于北京望京的西门子北亚总部，是西门子在全球房地产方面最大的投资项目之一，其投资额高达 10 亿元人民币。

2009 年 8 月，西门子与以色列第一家获得太阳能商业发电执照的企业阿拉瓦电厂签订合同，花 1500 万美元购买了该电厂 40% 的股权。

2009 年 10 月，西门子与咸宁市政府签署一份战略合作框架协议，双方各投资 10 亿元在华打造金桂湖试点区。据了解，金桂湖试点区一期工程规划 50 平方千米，包括高档酒店、会议中心、水上娱乐设施、未来人居概念屋、高升风景区等多个子项目。

2009 年 11 月，西门子风电全球首席执行官诺恩表示，西门子风电将投资 5.81 亿元人民币在上海建立西门子风力发电叶片（上海）有限公司，以满足中国政府有关部门所要求的 70% 风电设备本地化率。

2009 年 12 月，西门子（中国）有限公司工业自动化与驱动技术集团（IA&DT）宣布对其两个运营公司——西门子机械传动（天津）有限公司（SMDT）和威能极风力驱动（天津）有限公司（WDST），增加 5 亿元人民币以上的投资。该投资将在未来 3 ~ 5 年内完成，用于对这两个运营公司进行工厂扩建。

西门子投资业务主要由西门子创业投资公司（SVC）来运作，其投资领域涉及机械、通信、房地产、新能源和金融等多个领域。

评一评

一家企业的财务状况是否是企业的晴雨表？

相关知识

一、企业投资管理

正确合理的投资会给企业带来丰厚的收益，企业的发展壮大离不开投资活动，投资管理是企业财务管理的一项重要内容。

（一）企业投资的方式

企业投资可以按照不同的分类标准划分为不同的类型：按照投资行为的介入程度，投资可分为直接投资和间接投资；按照投资的领域不同，投资可分为生产性投资和非生产性投资；按经营目标的不同，投资可分为盈利性投资和政策性投资；按照投资的方向不同，投资可以分为对内投资和对外投资；按照投资对象和盈利方式的不同，投资可以分为实业投资和金融投资。下面介绍实业投资和金融投资。

1. 实业投资

（1）实业投资的含义。实业投资是指经济主体（包括法人和自然人）为未来获得收益而于现在投入生产要素，以形成资产的一种经济活动，也就是经济主体为未来获得收益而于现在投入资金或资本到生产领域的活动。

（2）实业投资的类型。企业的实业投资类型有水平型、垂直型和混合型三种。水平型投资也称横向型投资，是指企业投资的对象是与本企业生产经营方向一致的公司，一般适用于机器制造业和食品加工业。垂直型投资也称纵向型投资，指企业投资与本企业产品生产有关联的公司，并在投资企业和被投资企业间实行专业化分工与协作，这种方式常见于汽车、电子行业、资源开采和加工行业等。混合型投资是指企业投资与本企业生产和经营方向完全不同、生产不同产品的公司。这主要是一些实力雄厚的大企业为了充分利用被投资企业的某种优势资源而进行的跨行业的经营活动。

（3）实业投资的方式。实业投资的方式有三种：并购、合营和联营。

①并购是企业通过投资兼并竞争者的方式，企业通过投资并购其他企业，容易获得市场协同效应、管理协同效应和财务协同效应。

②合营是企业和其他企业或个人共同投资建立的企业，该被投资企业的财务和经营政策必须由投资双方或若干方共同决定。企业通过合营可以有效降低成本，迅速获得本企业所需要的资源。

③联营是企业之间或企业和事业单位之间的联合经营，它是法人参加横向经济联合的主要形式。在联营中，联营各方地位平等，主要是以合同或章程的方式确定双方的权利义务，并以此协调经营活动。企业通过和其他企业联营可以有效解决融资难的问题，对分散风险有积极作用。

（4）实业投资的内容。实业投资的内容形式多样，具体包括房地产、机器设备、技术和商标专利等。

2. 金融投资

随着企业在投资决策中主体地位的确立，投资的形式也日益丰富。它不仅可以直接投资于生产经营上，通过建造厂房、添置设备、购买原材料等来直接增加社会财富或提供社会所必需的劳务，也可以把资金用于购买金融资产，以期获得收益。

（1）金融投资的含义。企业将资金用于购买金融资产，试图获得资产的保值增值的投资方式就称为金融投资。金融投资是一种间接投资方式，它对于企业扩大投资渠道和收益来源、优化投资组合分散投资风险有极其重要的意义。

（2）金融投资的类型。企业金融投资的类型主要有：股票、基金、债券、衍生金融资产等。

①股票。企业投资股票的行为属于权益性投资，企业可以在一定程度上参与和控制参股企业的经营决策。但是由于股票价格波动较大，收益不稳定，因此股票投资是一种风险和收益都较大的投资。

②基金。基金是一种利益共享、风险共担的集合投资方式，即通过发行基金股份或受益凭证等有价证券，聚集众多的不确定投资者的资金，交由专业投资机构经营运作，以规避投资风险并谋取投资收益的证券投资工具。与股票投资相比，基金投资风险较小，投资收益略低。

③债券。债券是发行者为筹集资金，向债权人发行的，在约定时间支付一定比例的利息，并在到期时偿还本金的一种有价证券。企业可以根据需要选择投资政府债券、金融债券和企业债券。债券投资与股票投资基金投资相比，风险较低，收益稳定。

④衍生金融资产。衍生金融资产包括期货、期权、远期和互换等，投资衍生金融资产的目的是为了投机获利和套期保值，具有高风险、高收益的特点，一般企业往往较少采取这种投资方式。

（3）金融投资的必要性。企业进行金融投资主要是出于以下目的的考虑：暂时存放闲散资金，以替代大量非盈利的现金获取一定的收益，加快资金的运转和使用效率；金融资产变现比较容易，以满足偶然性或突发性的财务需求；通过股票投资以获得对相关企业的控制权和决策权，更好地保障资产的安全性。

（二）企业投资的原则

为了降低风险，获得预期的收益，企业在投资活动中需要遵循以下原则。

1. 认真进行市场调查，分析投资环境，及时捕捉有利投资机会

投资机会是企业投资活动的起点，也是企业投资决策的关键。财务管理人员必须认真进行市场调查和市场分析，寻找投资机会，并要从动态的角度加以把握。

2. 制定科学的投资决策程序，认真进行投资项目的可行性分析

在市场经济条件下，企业的投资都会面临一定的风险，为了保证投资决策的正确有效，必须按科学的投资决策程序，进行投资项目的可行性分析。

3. 及时足额地筹集资金，保证投资项目的资金供应

企业的投资项目，特别是大型投资项目，建设工期长，所需资金多，一旦开工，就必须有足够的资金来支持。因此，在投资项目上马之前，必须科学预测投资所需资金的数量和时间，采用适当的方法，筹措资金，保证投资项目顺利完成，尽快产生投资效益。

4. 全面分析风险和收益的关系，适当控制企业的投资风险

收益与风险是共存的。一般而言，收益越大，风险也越大，收益的增加是以风险的增大为代价的，而风险的增加将会引起企业价值的下降，不利于财务目标的实现。企业在进行投资时，必须在考虑收益的同时认真考虑风险，只有在收益和风险达到比较好的均衡时，才有可能不断增加投资效益，实现财务管理的目标。

（三）企业投资的步骤

科学的投资决策，一般分七个步骤进行：①确定并量化投资目标；②收集和鉴别相关投资信息，寻找投资机会；③制订投资计划，提出投资备选方案；④通过定量和定性结合法对备选方案作出初步评价；⑤综合考虑影响投资的因素，确定最优方案；⑥执行投资决策，并严加监控；⑦进行投资结束后评估，作为下一次投资决策的依据。

（四）财务分析的步骤

财务分析一般分为以下步骤：①明确分析目的，制订分析工作计划；②收集有关的信息资料；③根据分析目的，运用科学的分析方法，深入比较、研究所收集的资料；④得出分析结论，提交分析报告。

（五）财务分析的方法

财务分析中常用的方法包括比率分析法、比较分析法、趋势分析法和因素分析法。

1. 比率分析法

比率分析法是把某些彼此存在关联的项目加以对比，计算出比率，揭示企业财务状况、经营成果和现金流量情况，确定经济活动变动程序的一种方法。在比率分析法中常用的财务比率有：相关比率、结构比率和效率比率。

2. 比较分析法

比较分析法是通过某项财务指标与性质相同的指标评价标准进行对比，揭示企业财务状况、经营成果和现金流量情况的一种分析方法。

3. 趋势分析法

趋势分析法又称水平分析法，是通过对比两期或连续数期财务报告中相同指标，确定其增减变动的方向、数额和幅度，来说明企业财务状况和经营成果的变动趋势的

一种方法。

4. 因素分析法

因素分析法是用来确定几个相互联系的因素对分析对象（综合财务指标或经济指标）影响程度的一种分析方法。采用这种方法的出发点在于，当有若干因素对分析对象产生影响时，首先假定其他因素都无变化，顺序确定每一因素单独变化所产生的影响。

二、财务分析的指标

财务分析作为企业经济活动分析的重要组成部分，是构成企业财务管理的重要环节之一，财务分析主要是对企业偿债能力、营运能力和盈利能力状况进行综合分析与评价。

（一）偿债能力分析

偿债能力是指企业对到期债务还本付息的能力，偿债能力分析包括短期偿债能力分析和长期偿债能力分析。

（1）短期偿债能力分析。短期偿债能力是指企业流动资产对流动负债及时偿还的保证程度，是衡量企业承担经常性财务负担（偿还流动负债）的能力。反映企业短期偿债能力的财务指标有流动比率、速动比率和现金比率。

①流动比率。流动比率用于衡量企业在某一时点偿付即将到期债务的能力。其计算公式如下：

$$流动比率 = 流动资产/流动负债$$

流动比率高一般表明企业短期偿债能力较强，但如果过高，则会影响企业资金的使用效率和获利能力。至于最佳流动比率究竟以多少为宜，应根据不同行业、不同企业规模等具体情况而定，一般认为流动比率维持在 2:1 是比较合理的。这是因为在流动资产中变现能力最差的存货等金额，约占流动资产总额的一半。剩下的流动性较强的流动资产至少要等于流动负债，企业的短期偿债能力才会有保障。

②速动比率。速动比率是衡量企业在某一时点上运用随时可变现资产偿付到期负债的能力，是企业的速动资产与流动负债的比率，计算公式如下：

$$速动比率 = 速动资产/流动负债$$

$$速动资产 = 流动资产 - 存货 - 预付账款 - 待摊费用$$

$$= 货币资金 + 短期投资 + 应收票据 + 应收账款 + 其他应收款$$

速动资产是指能快速变现的资产，由于存货和预付账款很难立即变现所以要扣掉，因此用速动资产来判断企业的短期偿债能力比流动资产更能说明问题。一般认为速动比率的值维持在 1:1 是比较合理的，但对不同行业和不同规模的企业而言，这个指标的标准略有不同。

③现金比率。现金比率是企业现金与流动负债的比率。计算公式如下：

$$现金比率 = （货币资金 + 有价证券）/ 流动负债$$

用该指标评价企业短期偿债能力比流动比率和速动比率更加谨慎。该指标越大，表明企业偿还短期债务的能力就越强。但该指标也并不是越大越好，指标过大则表明企业现金利用不充分，获利能力不强。

（2）长期偿债能力分析。分析一个企业的长期偿债能力，主要是为了确定该企业债务本息的偿还能力。由于债务是长期的，则其本息的偿还不仅仅取决于当时的现金流入量，更重要的是与企业的获利能力相关。

企业长期偿债能力的分析指标主要有四项，即资产负债率、产权比率、所有者权益比率和已获利息倍数。

①资产负债率。资产负债率是企业负债总额除以资产总额的百分比，它表明在总资产中通过借款来筹集的资产的比例及企业资产对债权人权益的保障程度，其计算公式如下：

$$资产负债率 = 负债总额/资产总额 × 100\%$$

因为企业资产 = 负债 + 所有者权益，所以资产负债率应小于 100%。这一比率越小，表明企业债务偿还的稳定性越强，安全性越大，企业长期偿债能力越强。

②产权比率。产权比率也称负债对所有者权益的比率，是指负债总额与所有者权益总额的比率。其计算公式如下：

$$产权比率 = 负债总额/所有者权益总额 × 100\%$$

产权比率是用来表明债权人和投资者提供的资金来源的相对关系，是反映企业基本财务结构是否稳定的一个指标。一般来说，所有者提供的资本大于借入资本比较好。这一指标越低，表明企业的长期偿债能力越强，债权人权益保障的程度越高，承担的风险越小。

③所有者权益比率。所有者权益比率是企业的所有者权益总额与资产总额的比率，其计算公式如下：

$$所有者权益比率 = 所有者权益总额/资产总额 × 100\%$$

这一比率反映了在企业资产总额中，企业所有者提供资本的比例。这一比率越高，说明所有者投入的资金在全部资金中占的比例越大，则企业偿债能力越强，财务风险越小。

④已获利息倍数。已获利息倍数又叫利息保障倍数，是指企业息税前利润与利息费用的比率，计算公式如下：

已获利息倍数 = 息税前利润/利息费用 = （利润总额 + 利息费用）/利息费用

该指标反映企业用经营所得支付债务利息的能力，一般来说该指标大于1。已获利息倍数越大，说明企业支付债务利息的能力就越强。

案例：

企业偿债能力

某企业 2009 年相关财务数据如下：年初现金为 50 万元，年末现金为 80 万元；年初速动资产为 100 万元，年末速动资产为 120 万元；年初流动资产为 150 万元，年末流动资产为 180 万元；年初固定资产为 200 万元，年末固定资产为 250 万元；年初总资产为 400 万元，年末总资产为 500 万元；年初流动负债为 80 万元，年末流动负债为 90 万元；年初负债总额为 160 万元，年末负债总额为 250 万元。

小组讨论：

请根据上述数据分析该企业的偿债能力。

案例分析：

要分析该企业的偿债能力，需要分析其短期偿债能力和长期偿债能力。

（1）分析短期偿债能力主要根据以下指标：流动比率、速动比率和现金比率。

①流动比率。根据流动比率 = 流动资产/流动负债，该企业 2009 年流动比率为 $180 \div 90 = 2$，2008 年流动比率为 $150 \div 80 = 1.88$，流动比率稍有上升。

②速动比率。根据速动比率计算公式可以得出 2009 年该企业速动比率为 $120 \div 90 = 1.33$，2008 年的速动比率为 $100 \div 80 = 1.25$，速动比率略有上涨。

③现金比率。根据现金比率计算公式得出 2009 年该企业的现金比率为 $80 \div 90 = 0.89$，2008 年的现金比率为 $50 \div 80 = 0.625$，现金比率大幅提高。

从以上数据不难看出，2009 年的流动比率、速动比率和现金比率都较 2008 年有不同程度上涨，且流动比率基本维持在 2 左右，速动比率维持在 1 左右，说明了该企业近两年短期偿债能力都很强，且对债权人的保障程度一直在提高。但是现金比率较高，虽然说明企业的即时偿债能力较强，但也反映出该企业的现金利用不太充分，现金的获利能力不强，需加强现金的使用效率。

（2）企业的长期偿债能力需要分析的指标有：资产负债率、产权比率、所有者权益比率和已获利息倍数。

①资产负债率。根据资产负债率计算公式可以得出 2009 年该企业资产负债率为

250÷500＝50%，2008 年资产负债率为 160÷400＝40%，资产负债率上升了 25%，说明企业长期偿债能力下降。

②产权比率。根据产权比率的计算公式及资产＝负债＋所有者权益，可以得出2009 年该企业产权比率为 250÷（500－250）＝100%，2008 年产权比率为 160÷（400－160）＝67%，产权比率上涨，说明企业长期偿债能力下降。

③所有者权益比率。根据所有者权益比率的计算公式可以得出 2009 年该企业的所有者权益比率为（500－250）÷500＝50%，2008 年所有者权益比率为（400－160）÷400＝60%，所有者权益比率下降，说明企业长期偿债能力下降。

综上可以得出该企业的长期偿债能力与上年相比下降，对债权人的保障程度在降低，这对企业来讲不一定是坏事。因为太低的资产负债率和产权比率都说明企业财务杠杆利用不充分，财务管理过于僵化和死板，需要进一步优化财务结构。所以我们需要将这些指标和同年的行业指标相比才更有说服力。

（二）运营能力分析

运营能力分析是一种通过对资金周转状况分析，反映企业资金利用效率的方法。通常来说，资金周转得越快，说明资金利用效率越高，企业的经营管理水平也就越好。营运能力分析主要包括对流动资产周转、固定资产周转和总资产周转三方面的分析。

（1）流动资产周转分析。流动资产周转分析涉及对应收账款周转率、存货周转率及流动资产周转率三个指标的分析。

①应收账款周转率。应收账款周转率是反映应收账款周转速度的比率，其计算公式为：

$$应收账款周转率＝营业收入／应收账款平均余额$$

$$应收账款平均余额＝（期初应收账款＋期末应收账款）/2$$

应收账款周转率越高，表明应收账款周转时间越短，资金回笼速度越快，资金利用效率越高。

②存货周转率。存货周转率是反映存货周转速度的比率，其计算公式如下：

$$存货周转率＝主营业务成本／存货平均余额$$

$$存货平均余额＝（期初存货＋期末存货）/2$$

一般情况下，存货周转率越高说明存货周转速度较快，企业销售状况越好，对企业越有利。但是需要注意高存货周转率有时是由于存货不足导致企业丧失了销售机会，这说明存货周转率并非越高越好，需要根据企业的实际情况具体分析。

③流动资产周转率。流动资产周转率是营业收入与全部流动资产平均余额的比率，反映企业流动资产利用的效率，其计算公式如下：

$$流动资产周转率 = 营业收入/流动资产平均余额$$

$$流动资产平均余额 = （期初流动资产 + 期末流动资产）/2$$

流动资产周转率是分析流动资产周转情况的一个综合指标。流动资产周转快，会相对节约流动资产，相当于扩大了企业资产投入，增强了企业获利能力；反之，若周转速度慢，为维持正常生产经营，则需要补充流动资产参加周转，形成资金浪费，降低企业获利能力。

（2）固定资产周转分析。固定资产周转率是企业营业收入与平均固定资产净值的比率，其计算公式如下：

$$固定资产周转率 = 营业收入/平均固定资产净值$$

$$平均固定资产净值 = （期初固定资产净值 + 期末固定资产净值）/2$$

固定资产周转率高表明企业固定资产利用充分，同时也表明固定资产结构合理，企业营运能力较强。

（3）总资产周转分析。总资产周转分析主要是对总资产周转率的分析。总资产周转率是企业营业收入与平均资产总额的比率。其计算公式如下：

$$总资产周转率 = 营业收入/平均资产总额$$

$$平均资产总额 = （期初资产总额 + 期末资产总额）/2$$

对一个企业来说，总资产周转率越高，表明该企业总资产利用较好，企业营运能力较强。

（三）盈利能力分析

盈利能力是指企业赚取利润的能力。衡量企业盈利能力的指标主要有：销售毛利率、销售利润率、成本费用利润率、资本收益率、净资产收益率、总资产报酬率、每股收益、每股股利、市盈率、资本保值增值率十个指标。

（1）销售毛利率。销售毛利率是企业实现的毛利润与主营业务收入的比率，它表示一元的销售收入能带来多少的毛利润，计算公式如下。

$$销售毛利率 = 毛利润/主营业务收入$$

（2）销售利润率。销售利润率是指利润总额占营业收入净额的百分比，表示每一元营业收入净额获取利润的能力。其计算公式如下：

$$销售利润率 = 利润总额/营业收入净额$$

该比率越高，说明企业获利能力越强。

（3）成本费用利润率。成本费用利润率是指反映企业利润总额与成本费用总额之间的比率，其计算公式如下：

$$成本费用利润率 = 利润总额/成本费用总额$$

成本费用总额＝营业成本＋营业税金及附加＋销售费用＋管理费用＋财务费用

该项比率反映企业每一元耗费能给企业带来的利润，揭示企业在挖掘潜力、降低成本费用方面的业绩。

（4）资本收益率。资本收益率是指企业净利润与平均资本的比率，计算公式如下：

$$资本收益率＝净利润／平均实收资本$$

$$平均实收资本＝（期初实收资本＋期末实收资本）／2$$

资本收益率越高，表明企业资本的盈利能力越强，对股份制企业来说就意味着股票升值越多。

（5）净资产收益率。净资产收益率是指企业一定时期净利润与平均净资产的比率。它是反映自有资金投资收益水平的指标，是企业获利能力指标的核心。其计算公式如下：

$$净资产收益率＝净利润／平均净资产$$

$$平均净资产＝（期初所有者权益＋期末所有者权益）／2$$

净资产收益率越高，说明企业所有者权益的盈利能力就越强，运营效益就越好，对投资者和债权人的保障程度就越高。

（6）总资产报酬率。总资产报酬率是指企业一定时期内获得的报酬总额与平均资产总额的比率，其计算公式如下：

$$总资产报酬率＝息税前利润总额／平均资产总额$$

$$平均资产总额＝（期初资产总额＋期末资产总额）／2$$

该指标越高表明企业的资产利用率越高，整个企业获利能力越强，经营管理水平越高。

（7）每股收益。每股收益又称每股盈余，是指企业本期盈余与流通股数的比值，其计算公式如下：

$$每股收益＝（净利润－优先股股利）／普通股股数$$

该指标是衡量股份制企业盈利能力的指标之一，它反映普通股的获利水平。指标值越高，每一股可得的利润越多，股东的投资效益越好。

（8）每股股利。每股股利是指现金股利总额与流通股数的比值，其计算公式如下：

$$每股股利＝支付现金股利总额／普通股股数$$

该指标体现的是每一股普通股获取的现金股利的多少，它比每股收益更直接地体现了股东所得到的当前利益。

（9）市盈率。市盈率是每股市价与每股收益的比率，其计算公式如下：

$$市盈率＝每股市价／每股收益$$

市盈率越高，表明投资者对公司未来充满信心，愿意为一元盈余多付买价。通常认为市盈率在 5~20 是正常的；超过 20 被认为股票价格被高估，是股价下跌的前兆；某股份制企业若市盈率在 5 以下认为该企业前景暗淡，投资者对该企业缺乏信心，持有风险较大。在利用市盈率进行财务分析时，要注意结合行业和经济环境。

（10）资本保值增值率。资本保值增值率是指企业期末所有者权益同期初所有者权益的比率，其计算公式如下：

$$资本保值增值率 = 期末所有者权益/期初所有者权益$$

该指标反映企业资本的保全和增值情况，该值越高说明企业资本保全状况越好，所有者权益增长越快，债权人权益越有保障，企业发展前景越好。

任务实施

实训背景：找一家你熟悉的企业最近三年的财务报表和其他相关资料，并以此为依据撰写一份财务分析报告。

实训要求：各小组的财务分析报告进行评比。

任务反馈

_____

_____

_____

项目小结

企业在进行财务分析时，不能机械、僵硬地就指标论指标，还应该结合企业的宏观环境，联系企业的行业背景和内在的资源条件，定性与定量综合分析，才能客观地了解企业的财务状况，为企业决策者提供正确的依据。本项目以企业的融资难、投资渠道不畅通等困境引入企业财务管理的重要性，实现企业价值最大化。

企业财务管理主要包括资金筹集、资金投资、资金营运、收益分配和财务分析。本任务主要针对资金筹集、资金投资和财务分析三大内容。

企业资金筹集可以分为权益筹资和负债筹资。企业在筹资时需要综合考虑筹资成本、股东权益、税收支付、还款期限等因素，在保障股东权益的前提条件下优化财务结构，灵活运用各种筹资方式。

企业资金投资主要分为实业投资和金融投资。企业在投资时需要制订科学的投资决策，注意处理好风险与收益的关系。

企业财务分析主要分析企业的偿债能力、运营能力和盈利能力。企业在进行财务分析时应该结合企业的内外部环境，利用各种财务指标进行综合全面分析。

营销谚语

经营管理，成本分析，要追根究底，分析到最后一点。

项目二　企业人力资源管理

"近亲繁殖"——内部提拔人才的弊端。

任务一　初识企业人力资源

试一试

参加一次人才招聘会，写一份感受。

想一想

人才和人力资源是一回事吗？

经典赏析

小路在大学期间学人力资源专业，毕业工作 5 年之后和其他两个朋友一起合伙出资 150 万元开了一家网络公司，他理所当然地成为了该公司的人力资源总监。公司注册后准备开始营业，其他物质和人力都已经准备就绪，可是技术总监这一重要职位还空缺着，招来的其他几个技术人员股东们一致认为知识有限且经验不足均不适合担任该职位。

评一评

小路作为公司的人力资源总监：

1. 应该如何为公司找到合适的技术总监？

2. 应该如何维持公司员工尤其是优秀员工的稳定性？

相关知识

一、初识企业人力资源

资源是"资财的来源"（《辞海》）。在经济学上，资源是为了创造财富而投入到生产活动中的一切要素。按照这种界定，人们可以将资源分成两大类：第一类是物质资源，如自然资源、资本资源和信息资源等；第二类就是人力资源。我们通常讲的资源，包括人、财、物。

（一）人力资源的含义

人力资源不同于一般的资源，它的特殊性主要表现在以下几个方面。

（1）人力资源是一种"活"资源，而物质资源是一种"死"资源。物质资源只有通过人力资源的有效开发、加工和制造才会产生价值。

（2）人力资源是指存在于人体内的体力资源和智力资源。从企业的角度考察人力资源，则是指能够推动整个企业发展的劳动者的能力的总称。它包括量和质两个方面。从量的角度划分，人力资源包括现实的劳动能力和潜在的劳动能力；从质的角度划分，人力资源包括智力劳动能力和体力劳动能力。

（3）人力资源是创造利润的主要来源，特别是在高新技术等行业，人力资源的创新能力是企业利润的源泉。

（4）人力资源是企业可以开发的资源，人的创造能力是无限的，通过对人力资源的有效管理可以极大地提高企业的生产效率，从而实现企业的目标。

（二）人力资源的特点

1. 人力资源的生物性

人首先是一种生物。人力资源存在于人体之中，是有生命的"活"资源，与人的自然生理特征相联系。人的最基本的生理需要带有某些生物性的特征。在管理中，首先要了解人的自然属性，根据人的自然属性与生理特征进行符合人性的管理。人力资源属于人类自身所特有，因此具有不可剥夺性。这是人力资源最根本的特性。

2. 人力资源的时限性

时限性是指人力资源的形成与作用效率要受其生命周期的限制。作为生物有机体的个人，其生命是有周期的，每个人都要经历幼年期、少年期、青年期、中年期和老年期。其中具有劳动能力的时间是生命周期中的一部分，其各个时期资源的可利用程度也不相同。无论哪类人，都有其才能发挥的最佳期、最佳年龄段。如果其才能未能在这一时期充分利用开发，就会导致人力资源的浪费。因此，人力资源的开发与管理必须尊重人力资源的时限性特点，做到适时开发、及时利用、讲究时效，最大限度地保证人力资源的产出，延长其发挥作用的时间。

3. 人力资源的再生性

经济资源分为可再生性资源和非再生性资源两大类。非再生性资源最典型的是矿藏，如煤矿、金矿、铁矿、石油等，每开发和使用一批，其总量就减少一批，决不能凭借自身的机制加以恢复。另一些资源，如森林，在开发和使用过后，只要保持必要的条件，可以再生，保持资源总体的数量。人力资源也具有再生性，它基于人口的再生产和劳动力的再生产，通过人口总体内个体的不断更替和"劳动力耗费—劳动力生产—劳动力再次耗费—劳动力再次生产"的过程得以实现。同时，人的知识与技能陈旧、老化也可以通过培训和再学习等手段得到更新。当然，人力资源的再生性不同于一般生物资源的再生性，除了遵守一般生物学规律之外，它还受人类意识的支配和人类活动的影响。从这个意义上来说，人力资源要实现自我补偿、自我更新、持续开发，这就要求人力资源的开发与管理注重终身教育，加强后期的培训与开发。

4. 人力资源在使用过程中的磨损性

人力资源在使用过程中会出现有形磨损和无形磨损，劳动者自身的疾病和衰老是有形磨损，劳动者知识和技能的老化是无形磨损。在现代社会，人力资源的这种磨损呈现以下特点：首先，与传统的农业社会和工业社会里较多地表现为有形磨损不同，现代社会更多地表现为无形磨损；其次，当今社会的一个重要特征是新技术不断取代原有技术，而且更新周期越来越短，致使员工的知识和技能老化加剧，人力资源的磨损速度越来越快；最后，人力资源补偿的难度加大，这是因为当今社会的人力资源磨损主要表现为无形磨损，而无形磨损的补偿比起有形磨损的补偿要困难得多；同时，由于人力资源磨损速度的加快，也使得补偿的费用越来越高。

5. 人力资源的社会性

人处在一定的社会之中，人力资源的形成、配置、利用、开发是通过社会分工来完成的，是以社会的存在为前提条件的。人力资源的社会性，主要表现为人与人之间的交往及由此产生的千丝万缕的联系。人力资源开发的核心在于提高个体的素质，因为每一个个体素质的提高，必将形成高水平的人力资源质量。但是，在现代社会中，在高度社会化大生产的条件下，个体要通过一定的群体来发挥作用，合理的群体组织结构有助于个体的成长及高效地发挥作用，不合理的群体组织结构则会对个体构成压抑。群体组织结构在很大程度上又取决于社会环境，社会环境构成了人力资源的大背景，它通过群体组织直接或间接地影响人力资源开发，这就给人力资源管理提出了要求：既要注重人与人、人与团体、人与社会的关系协调，又要注重组织中团队建设的重要性。

6. 人力资源的能动性

能动性是人力资源区别于其他资源的本质所在。其他资源在被开发的过程中，完全处于被动的地位。人力资源则不同，它在被开发的过程中，有思维与情感，能对自身行为作出抉择，能够主动学习与自主地选择职业，更为重要的是人力资源能够发挥主观能动性，有目的、有意识地利用其他资源进行生产，推动社会和经济的发展。同时，人力资源具有创造性思维的潜能，能够在人类活动中发挥创造性的作用，既能创新观念、革新思想，又能创造新的生产工具、发明新的技术。

7. 人力资源具有生产者和消费者的角色两重性。人力资源既是投资的结果，又能创造财富；或者说，它既是生产者，又是消费者，具有角色两重性。人力资源的投资来源于个人和社会两个方面，包括教育培训、卫生健康等。人力资源质量的高低，完全取决于投资的程度。人力资源投资是一种消费行为，并且这种消费行为是必需的、先于人力资本的收益。研究证明，人力资源的投资具有高增值性，无论从社会还是个人角度看，都远远大于对其他资源投资所产生的收益。

8. 人力资源的增值性

人力资源不仅具有再生性的特点，而且其再生过程也是一种增值的过程。人力资源在开发和使用过程中，一方面可以创造财富，另一方面通过知识经验的积累、更新，提升自身的价值，从而使组织实现价值增值。

二、人力资源的构成

（一）人力资源的数量

人力资源的数量又分为绝对量和相对量两种。人力资源绝对量，指的是一个国家或地区拥有的具有劳动能力的人口资源，即劳动力人口的数量。对于企业而言，人力资源的数量一般来说就是其员工的数量。对于国家而言，人力资源数量可以分为现实人力资源数量和潜在人力资源数量两个方面。具体包括以下几个方面。

（1）处于劳动能力之内、正在从事社会劳动的人口，它占据人力资源的大部分，可称为"适龄就业人口"。

（2）尚未达到劳动年龄，已经从事社会劳动的人口，即"未成年就业人口"。

（3）已经超过劳动年龄，继续从事社会劳动的人口，即"老年劳动者"或"老年就业"。

以上三部分构成就业人口的总体，以往被称为劳动力人口。

（4）处于劳动年龄之内，具有劳动能力并要求参加社会劳动的人口，这部分可以称为"待业人口"，它与前三部分一起构成经济活动人口，即现实人力资源。

（5）处于劳动年龄之内，正在从事学习的人口，即"求学人口"。

（6）处于劳动年龄之内，正在从事家务劳动的人口。

（7）处于劳动年龄之内，正在军队服役的人口。

（8）处于劳动年龄之内的其他人口。

（二）人力资源的质量

人力资源的质量指人力资源所具有的体质、智力、知识和技能水平及劳动者的劳动态度，一般体现在劳动者的体质、文化、专业技术水平及劳动积极性上。

人力资源的质量构成是一个国家劳动力素质的综合反映，具体包括以下几个方面。

（1）体力——身体条件。

（2）智力——能力、技能和知识。

（3）非智力因素——品德、修养、心理和精神状况等。

人力资源开发中的数量和质量是相互统一的。数量是基础，质量是关键和核心。人口过多会造成很多社会问题，人力资源管理的重点应该放在质量上。不解决人力资源的社会问题，会阻碍社会的发展。

三、企业人力资源管理

（一）人力资源管理的含义

人力资源管理是指对人力资源的获得、有效开发、合理配置和充分利用等方面所进行的计划、组织、领导和控制等活动。企业的人力资源管理需要运用现代化的科学管理方法，对企业内部可利用的人力资源进行合理规划、组织、培训、开发和调配，使人力与物力保持协调，充分激励企业员工发挥主观能动性，使得人尽其才，才尽其用，更好地保障企业战略目标的实现。

（二）人力资源管理对企业的意义

随着企业间竞争的白热化程度加剧，人力资源已成为企业能否竞争获胜的关键。有人说过 21 世纪最重要的是人才，从某种意义上来讲，企业之间的竞争取决于人力资源的竞争。人力资源作为企业最重要的资源，是一种战略资源，是创造企业利润的主要来源。企业人力资源管理的合理化对企业追逐超额利润、获得竞争优势、获取长远发展有重要意义。

（三）企业人力资源管理的内容

人力资源管理活动主要包括以下几个方面。

（1）人力资源规划。

（2）职务分析与工作设计。

（3）招聘与选拔。

（4）培训与开发。

（5）员工的使用与调配。

（6）绩效管理。

（7）薪酬管理。

（8）职业生涯管理。

（9）劳动关系管理。

四、企业招聘与录用管理

（一）招聘与录用原则

企业进行招聘与录用是人力资源管理中最为基础的工作，是获取优秀人才的重要手段，有利于提高员工士气和企业声誉，为企业的发展不断注入新鲜血液，事关企业成败。因此，企业的招聘与录用对企业的长远发展非常关键。在进行此项工作时，一定要注意本着信息公开、公正公平、效率优先、双向选择和择适录用五大原则。

1. 信息公开

信息公开是指企业在招聘人才时必须将招聘的职位名称、数量、任职资格与条件、待遇构成、考试方法等相关信息提前通过各种适当的途径和渠道向社会公开，以便能够吸引更多的人才参与竞争。

2. 公正公平

公正公平是指企业应该对所有符合应聘条件的人员一视同仁，使他们能够在公平的环境下接受公正的考核，阳光竞争。招聘企业不能人为地设置一些不平等的限制条件（例如性别歧视、乙肝歧视等）和优惠条件（例如本市户口优先、城镇户口优先等），应该营造一个公平竞争的氛围，尤其是需要关注残疾人、下岗职工和应届大学生等特殊群体，承担起一定的社会责任，赢得更多的社会认可。

3. 效率优先

效率优先是指企业应优化招聘与录用程序，争取在能够招到符合岗位要求人员的前提下合理控制招聘费用、合理压缩招聘周期。

4. 双向选择

双向选择是指企业在招聘员工时，可以根据岗位要求来选择自己所需要的人才。同时企业也应该充分尊重求职者的选择权，以平等的姿态对待求职者，给求职者自由选择的空间。

5. 择适录用

择适录用是指企业应该摒弃择优录用的传统招聘观念，选择最合适的而不一定是最优秀的人才，以保持员工队伍的稳定性。因为最优秀的人才不一定适合任何企业，当他们在工作一段时间后发现该企业并不适合自己时会选择离开，这对企业和应聘者双方而言都是一种损失。所以企业在招聘时需要衡量自身的资源状况和应聘者的相关情况进行择适录用。

案例：

不招最优秀的人，只招最合适的人

在军博招聘会上，记者看到北京国广物业管理有限责任公司招聘负责人正在和来自沈阳的李小姐交谈。李小姐应聘该公司物业项目经理职位，入职条件中明确界定应聘者为本科学历，而李小姐却是专科，按理说，李小姐是不能入围的。招聘负责人告诉记者，李小姐有两年多的物业管理工作经历，通过她的简历和交谈，他们认为李小姐在这方面有不少实际工作经验，适合公司需求。该负责人表示，企业对人才的需求不是绝对的，不是高学历、最优秀的就最好，而是找到最合适的。他说，具体的岗位对人才有特定的素质要求，学历和技能两相比较，技能对企业更重要。招进适合的人才，可减少培训、实践、考核等环节，既可以降低用人成本，也可以使企业步入快速发展的轨道，增加企业的发展机会和竞争力。

小组讨论：

假如你是老总，你欣赏什么样的人才？

（二）招聘渠道选择

企业的员工招聘有两种渠道：内部招聘和外部招聘。

1. 内部招聘

内部招聘是指企业从内部正在任职的员工中选择人员进行空缺职位填补的方法。内部招聘的形式有内部晋升和岗位轮换两种形式。内部招聘的优点在于可以节约招聘费用、减少招聘风险，有利于调动员工工作积极性和忠诚度，有利于维持员工队伍的稳定性。其缺点在于内部招聘容易导致"山头主义"和"近亲繁殖"，不利于工作的创新，容易导致企业内部各部门之间或员工之间的矛盾，若协调不好容易引起员工的强烈不满，导致工作效率的降低。

2. 外部招聘

外部招聘是指企业从外部选择合适的人员进行空缺职位填补的方法。外部招聘的形式很多，包括媒体广告招聘、人才招聘会招聘、校园招聘、中介机构招聘、猎头公司招聘、海外招聘和申请人自荐。外部招聘缺点是成本较高，容易打击内部员工积极性，招聘风险较大；但优点是能够快速招聘到企业所需人才，为企业带来新鲜血液，有利于企业的创新。

企业应该根据拟招职位的性质、市场的劳动力供求状况和预算成本等进行招聘渠道的选择，将内部招聘与外部招聘有机结合起来，为企业发展招募到合适的人才。

案例：

英特尔的招聘渠道很多，其中包括委托专门的猎头公司帮助物色合适的人选。另外，通过公司的网页，求职者可以随时浏览有哪些职位空缺，并通过网络直接发送简历。只要相关负责人认为你的简历背景适合，你就有机会接到面试通知。

英特尔还有一个特殊的招聘渠道，就是员工推荐。它的好处首先在于，现有的员工对英特尔很熟悉，而对自己的朋友也有一定了解，基于这两方面的了解，他会有一个基本把握，那个人是否适合英特尔，在英特尔大概会不会成功。这比仅两小时的面试要有效得多，相互的了解也要深得多。英特尔非常鼓励员工推荐优秀的人才给公司，如果推荐了非常优秀的人，这个员工还会收到公司的奖金。当然，决策者是没有奖金的。如果因为人情招了不适合的人，决策者会负一定责任，所以决策者会紧紧把握招聘标准，绝不会出现裙带关系。

🔧 任务实施

实训背景：甲、乙两人一同大学毕业后进了同一家企业并同在一个科室工作，两人的工资也被定在同一档次：每月1000元。一年试用期过后，甲的工资被定为每月1200元，而乙的工资被定为每月1500元。甲拿到1200元工资后很高兴，因为比原来工资增加了200元，但当他得知乙的月工资是1500元后，则十分气愤，工作积极性明显下降。

实训要求：你如何处理上述现象？

[+] **任务反馈**

_____

_____

_____

任务二　招聘测试方法

[✎] **试一试**

为自己创意一份求职简历。

[👤] **想一想**

1. 不使用称重机器如何测量喷气式飞机的重量？

2. 为什么下水道的出入孔是圆的而不是方的？

3. 你打开旅馆的热水龙头，热水立即流出来，这是为什么？

4. 钟表的指针每天要重叠多少次？

5. 你有 8 个弹子，其中一个有"瑕疵"，即它比其他的弹子重。如果给你一架天平，你怎样才能在经过两次测量后挑出哪个弹子有"瑕疵"？

6. 你有两个桶，容量分别为 3L 和 5L，同时还有大量的水。你怎么才能准确量出 4L 的水？

7. 有两个房间，其中一个房间有三盏灯，另一个房间有分别控制这三盏灯的开关，每个房间只能进入一次，怎么找出哪一个开关控制哪盏灯？

[📖] **经典赏析**

可口可乐经典的情景模拟测试

假设你是可口可乐公司的业务员，现在公司派你去偏远地区销毁一卡车的过期面包（不会致命的，无损于身体健康）。在行进的途中，刚好遇到一群饥饿的难民堵住了去路，因为他们坚信你所坐的卡车里有能吃的东西，这时报道难民动向的记者也刚好赶来。

（说明：①面包不会致命；②不能贿赂记者；③不能损害公司形象。）

评一评

分析上述案例，请问你将如何处理？

相关知识

招聘测试方法

（一）知识测试

知识测试被称为笔试，是目前人才招聘中常用的方法。该方法通过纸笔测试的形式对求职者的知识广度、深度和结构进行全方位了解，要求应聘者在规定时间内作答。常见的知识测试的内容包括综合知识测试、专业知识测试和相关知识测试等类型。企业应该根据职位对知识的需求，选择适当的知识考试类型，在设计试题时必须做到难度适中、突出职位特征，能够科学、公正、严格地考查应聘者的知识广度、深度和结构层次。

（二）心理测试

心理测试是对求职者心理素质和能力的测试。通过心理测试能够判断出求职者心理素质状况，从而可以考察求职者对应聘职位适合与否。在员工招聘测试工作中，心理测试的内容主要包括以下几个方面。

1. 成就测试

成就测试是用来鉴定一个人的某一方面在经过学习或训练后实际能力水平高低的测试。企业在进行员工招聘时，成就测试适用于对专业管理人员、研发人员或其他技术工作者和熟练工人在某一方面的实际能力的测试。

2. 倾向测试

倾向测试是用来鉴定一个人的潜在能力，即可能的发展前景或可能具有的能力水平的测试。倾向测试分为综合倾向测试和特殊倾向测试两种。综合倾向测试是用以鉴别应聘者多种特殊的潜在能力的方法，以求全面地了解应聘者的综合素质。特殊倾向测试是为鉴定应聘者在某一方面是否具有特殊能力的倾向测试，例如音乐才能、文字才能等。

3. 智力测试

智力测试是对应聘者智力水平高低进行考察的一种方法，具体测试包括记忆、词汇、数字和口头表达等能力。智力测试主要是用来判断求职者的思维能力、学习能力和适应环境能力，以更好地确定是否符合职位要求。

4. 人格测试

人格测试是对应聘者的体格与心理特质进行测试。心理特质包括需要、动机、兴趣、爱好、感情、态度、性格、气质和价值观等。人格特征对工作成就的影响极其重要，不同人格特征的人适合不同类型的工作。个人在某些职位中的不胜任往往是其人格不成熟所导致的，所以某些重要职位必须要对求职者进行人格测试。

最近几年，国内一些企业越来越重视员工气质与工作岗位适应性的研究，让每种气质类型的员工在适合的岗位上发挥其优点，避免其缺点。根据感受性、耐受性、反应的敏捷性、可塑性、情绪兴奋性和指向性等特性的不同组合，一般把气质划分为四种类型，即胆汁质、多血质、黏液质和抑郁质。

心理学界对这四种气质是这样解释的。

胆汁质相当于神经活动强而不均衡型。这种气质的人兴奋性很高，脾气暴躁，性情直率，精力旺盛，能以很高的热情埋头事业，兴奋时，决心克服一切困难，精力耗尽时，情绪又一落千丈。

多血质相当于神经活动强而均衡的灵活型。这种气质的人热情、有能力，适应性强，喜欢交际，精神愉快，机智灵活，注意力易转移，情绪易改变，办事重兴趣，富于幻想，不愿做耐心细致的工作。

黏液质相当于神经活动强而均衡的安静型。这种气质的人平静，善于克制忍让，生活有规律，不为无关事情分心，埋头苦干，有耐久力，态度持重，不卑不亢，不爱空谈，严肃认真；但不够灵活，注意力不易转移，因循守旧，对事业缺乏热情。

抑郁质相当于神经活动弱型，兴奋和抑郁过程都弱。这种气质的人沉静，深含，易相处，人缘好，办事稳妥可靠，做事坚定，能克服困难；但比较敏感，易受挫折，孤僻、寡断，疲劳不容易恢复，反应缓慢，不图进取。

气质性格测试题：本测试题共 60 道题目，目的只是大概了解一下你的性格类型，为你分配适合的岗位。回答这些问题应实事求是，怎么样想就怎么样回答，不必多做考虑，因为并没有什么标准答案和好坏之分。看清题目后请评分，认为最符合自己情况的记 2 分；比较符合的记 1 分；介于符合与不符合之间的记 0 分，比较不符合的记 −1 分；完全不符合的记 −2 分。

（1）做事力求稳妥，不做无把握的事。

（2）遇到可气的事就怒不可遏，想把心里话说出来才痛快。

（3）宁可一个人干事，不愿很多人在一起。

（4）到一个新环境很快就能适应。

（5）厌恶那些强烈的刺激，如尖叫、噪声、危险镜头等。

（6）和人争吵时，总是先发制人，喜欢挑衅。

（7）喜欢安静的环境。

（8）喜欢和人交往。

（9）羡慕那些善于克制自己感情的人。

（10）生活有规律，很少违反作息时间。

（11）在多数情况下情绪是乐观的。

（12）碰到陌生人觉得很拘束。

（13）遇到令人气愤的事，能很好地自我克制。

（14）做事总是有旺盛的精力。

（15）遇到问题常常举棋不定，优柔寡断。

（16）在人群中从不觉得过分拘束。

（17）情绪高昂时，觉得干什么都有趣，情绪低落时，觉得干什么都没有意思。

（18）当注意力集中于一事物时，别的事物就很难使我分心。

（19）理解问题总比别人快。

（20）遇到不顺心的事能从不向他人说。

（21）记忆能力强。

（22）能够长时间做枯燥、单调的事。

（23）符合兴趣的事，干起来劲头十足，否则就不想干。

（24）一点小事就能引起情绪波动。

（25）讨厌做那种需要耐心、细致的工作。

（26）与人交往不卑不亢。

（27）喜欢参加热烈的活动。

（28）爱看感情细腻、描写人物内心活动的文学作品。

（29）工作学习时间长了，常感到厌倦。

（30）不喜欢长时间谈论一个话题，愿意实际动手干。

（31）宁愿侃侃而谈，不愿窃窃私语。

（32）别人说我总是闷闷不乐。

（33）理解问题时常比别人慢些。

（34）疲倦时只要短暂的休息就能精神抖擞，重新投入工作。

（35）心里有事，宁愿自己想，不愿说出来。

（36）认准一个目标就希望尽快实现，不达目的，誓不罢休。

（37）同样和别人学习、工作一段时间后，常比别人更疲倦。

（38）做事有些莽撞，常常不考虑后果。

（39）别人讲授新知识、技术时，总是希望他讲慢些，多重复。

（40）能够很快忘记那些不愉快的事情。

（41）做作业或完成一件工作时总比别人花费的时间多。

（42）喜欢运动量大的剧烈活动，或参加各种文体活动。

（43）不能很快地把注意力从一件事转移到另一件事上去。

（44）接受一个任务后，就希望把它迅速解决。

（45）认为墨守成规要比冒风险强些。

（46）能够同时注意几件事物。

（47）当我烦闷的时候，别人很难使我高兴。

（48）爱看情节起伏跌宕、激动人心的小说。

（49）对工作抱认真谨慎、始终如一的态度。

（50）和周围人们的关系总是相处不好。

（51）喜欢复习学过的知识，重复做已经掌握的工作。

（52）喜欢做变化大、花样多的工作。

（53）小时候会背的诗歌，我似乎比别人记得清楚。

（54）别人说我"出语伤人"，可我并不觉得这样。

（55）在学习生活中，常因反应慢而落后。

（56）反应敏捷，大脑机智。

（57）喜欢有条理而不甚麻烦的工作。

（58）兴奋的事情常使我失眠。

（59）别人讲新概念，我常常听不懂，但是弄懂以后就很难忘记。

（60）假如工作枯燥无味，马上就会情绪低落。

胆汁质气质类型题号：2 6 9 14 17 21 27 31 36 38 42 48 50 54 58

多血质气质类型题号：4 8 11 16 19 23 25 29 34 40 44 46 52 56 60

黏液质气质类型题号：1 7 10 13 18 22 26 30 33 39 43 45 49 55 57

抑郁质气质类型题号：3 5 12 15 20 24 28 32 35 37 41 47 51 53 59

计算每种气质类型的总分数。如果某种气质的得分数均高于其他三种气质得分数4分，则可定为该气质类型的人。此外该气质的得分数超过20分，则为典型型。如果得分在10~20分，为一般型。若两种气质的得分数差异小于3分，又明显高于其他两种达4分以上，可判定为两种类型的混合型。同样，如果三种气质的得分高于第四种，而且很接近，则为三种气质的混合型。

根据国内外心理学家和社会学家的研究，气质影响人的活动特点、方式和效率，所以为了企业经营活动的顺利进行，要求员工必须具有某些气质特征适应工作岗位，达到事半功倍的效果。气质并不标志一个人的智力发展水平和道德水平，更不得用某种气质来评判员工的优劣，因为每种气质均有优缺点。如胆汁质人直率热情、精力旺盛，但失之鲁莽、易于冲动、准确性差；多血质人思维灵活、反应迅速、好交际、敏感，但易浮动、急躁不稳；黏液质人安静沉稳、自制忍耐，但反应缓慢，朝气不足；抑郁质人细腻深刻、踏实细致，但多愁善感、孤僻迟缓。

胆汁质人适合的职业：相信实实在在的实业，不相信虚的东西，这是胆汁质的特点。胆汁质最在的气质特征是外向性、行动性和直觉性。对周围发生的事冷静注视，以旁观者的态度对待。因此比较适宜做记者、作家、图案设计师、实业家、护士、企业中外勤工作、业务员、营销员等外向型的职业。胆汁质人一般来说与细致性工作无缘。当然他们中的一部分人不拘于眼前的胜负，而专注于行动，热情地向自己的权限挑战，这就是他们的特征。胆汁质人一旦就业，往往对本职工作不那么专注，喜欢跳槽，经常更换工作单位，渴望成为自由职业者。胆汁质人他们对工作岗位的适应性也很强。最适合他们的工作岗位是策划及一般事务类。

多血质人适合的职业：具有多血质的人们，他们充满自信、有较强的活动能力，喜欢体验和锻炼，对所有的职业都具有适应性。他们重大局、不贪小利、不感情用事，这是多血质人的长处，适应的职业如政治家、外交家、商人、律师等。在商业活动中，多血质人比其他气质类型的人能钻研得更深入，他们能使工作向前推进，因而他们可以出色地胜任管理工作。要是再有一个好助手就可以成为一个成功的管理者。

多血质人对于新环境适应能力较强。对谁都能坦诚相待，他们能适应社会的进步，以发展的眼光进行谋划、设计。因此，他们对经商、计划、广告一类职业的适应性很强。精力充沛、意志坚强、不达目的不罢休的多血质人，往往能在那些缺乏适应性就无法立足的领域内大显身手。对于简单、细致和琐碎的工作，对缺乏竞争和刺激、只求细致的工作，多血质人一般不感兴趣。多血质的人对所有职业都有适应性，无论哪一门类的哪一种工作，他都可以胜任。而且多血质的人很快就可以成为一个团体中独当一面的人物。

黏液质人适应的职业：黏液质的出色之处是他们中大多数人都能很好地利用协调性、积极性、社会性及感情稳定性表现自己的才能，发挥出卓越的能力。而且不论职位高低，都能在各自的岗位上占有重要位置。黏液质人聪明，有较强的能力，处世精明，有出类拔萃的情报收集能力。他们不仅能从事学术、教育、研究、医师等内向型的职业，而且也可以活跃在政治家、外交官、商人、律师等外向型职业领域。在他们当中，以其独特才能驰骋在作家、漫画家、艺术家、服装设计、广告宣传、新闻报道领域的也不少。

抑郁质人适合的职业：抑郁质的人内心有孤独倾向，遇事不是单凭聪明去处理事情，而是把自己所掌握的工作内容在头脑中组合、计算，确定方针，然后在这个范围内一个一个地去做，把问题处理好。在团体中遇事积极认真、努力向上、毫不懈怠，喜欢与团体在一起，富有协调精神，无论置身于什么样的岗位，只要肩膀担负了责任，就以所从事的工作为荣，努力解决不太适应而造成的困难，努力去做好，这是抑郁质人的长处，他们做企业一般的事务管理人员、记账、资金、统计、工资管理、教育培训等工作比较易成功。

5. 能力测试

能力测试是企业为了测试求职者在某方面的能力，而有针对性地设计和实施的测验方案。如为了测试求职者的记忆广度而进行的"顺背数字"和"倒背数字"的广度测试。

6. 情景模拟测试

情景模拟测试是在测试过程中假定一个场景，使应聘者就在其应聘的岗位上，通过逼真的工作环境，解决该工作岗位在实际工作中可能出现的问题，从而评价其心理素质与工作能力的一种方法。情景模拟测试主要是针对应聘者明显的行为及实际的操作，其主要内容是公文处理、无领导小组讨论、角色扮演和即席发言等。

（三）面试

所谓面试，又叫面试测评，或者叫专家面试。这是一类要求应聘者用口头语言来回答面试提问，以便了解应聘者心理素质和潜在能力的测试方法。面试是企业员工招聘中常用的一种方法，也是争议最多的一种方法。面试的主要效果取决于面试的经验，如果面试官的经验比较缺乏，面试效果往往较差。招聘企业要想克服面试偏差，需要对面试官的经验进行审核，同时严格控制面试程序，包括通过工作分析确定工作要求；严格根据工作分析的结果设计面试问题；编制包括一系列评价标准的评价表格；注意从应聘者的非语言行为中获取消息；对面试官进行训练，使其能够客观评价应聘者的反应等。

案例：

SONY 面试有时不足 10 分钟，要求五六个求职者同时参加；有时十分复杂：半个月里可能会约见求职者三四次，面试人经常更换，提很多与工作无关的问题。到了吃饭时间，面试人会像老朋友请你到餐厅共进午餐，说说笑笑地聊些家长里短。前者往往被用于面试市场人员，考验的是他们在大众面前的表现力及"抗压性"；后者一般会用在要求较高的岗位或有一定级别的职位，通过多角度的接触，营造轻松的沟通环境，从中获取更多信息，建立起信任和感情，为判断的准确性及今后的合作打下良好基础。

小组讨论：

职场中的懈与严。

🛠 任务实施

实训背景：知识分子阶层出身的人，举止比较文雅、有修养，待人礼貌，但爱幻想，不大喜欢深交，遇事缺乏果断性；农民阶层出身的人，作风朴素，不怕苦和累，憨厚老实，但有时有自卑感，有点倔强固执；工人阶层出身的人，集体主义强、守纪律，情感较强烈直爽，讲究实际。

实训要求：针对不同的身份，选聘的方法能一致吗？各小组以 PPT 的形式展示结果。

⊕ 任务反馈

任务三　企业绩效考核

✍ 试一试

学校附近一家大型超市准备招聘 10 名收银员，请你负责为其制订招聘流程、选择招聘渠道和确定招聘方法。

🐵 想一想

一家商场准备对员工进行为期一周的安全培训，请你为该商场撰写一份培训计划书。

经典赏析

红星美凯龙的客户评价

越来越多的企业开始将客户评价作为一线服务人员的绩效考评标准，红星美凯龙就是其中的一家。即使红星美凯龙为客户提供无偿服务，对服务人员的考评要求同样不放松。据红星美凯龙的客户王先生介绍，他曾经购买过红星的一些家具，数额不是很高。红星美凯龙最近推广回馈客户的活动，免费为购货金额在一定数额的客户住宅做地板保养服务。王先生说，经过预约，在一个寒冷的冬日早晨，红星的地板保养人员很礼貌地敲开了他的家门。进门后该服务人员一直面带微笑，热情细心地为王先生进行地板保养；挪动家具前先请示，经许可后轻挪轻放，服务周到细致令王先生非常满意。保养完毕，该服务人员拿出一张单子请王先生评价，王先生毫不犹豫地在服务评价栏里选择了"非常好"的最高服务水平评价，赢得服务人员的连连道谢，双方在相互感激和满意中结束了此次服务。之后红星美凯龙又来电话询问王先生上门服务人员有没有收取任何费用，并进一步核实服务人员的服务态度和水平。王先生心里想，以后再添置家具的话，还得去红星美凯龙。

评一评

王先生喜欢在红星美凯龙购物的原因是什么？

相关知识

一、企业绩效管理

（一）企业绩效的含义

企业绩效是指具有一定素质的员工在职位职责的要求下，实现的工作结果和在此过程中表现出的行为。绩效是对工作行为及工作结果的一种反映，也是员工内在素质和潜能的一种体现。

（二）企业绩效管理流程

企业绩效管理流程是绩效管理人员运用人力资源的知识、技术和方法与企业员工通过持续不断的沟通，就企业目标和目标实现方式达成共识，促使员工做出有利于企业目标实现的行为等一系列管理过程。

企业绩效管理的目的是建立客观、简洁的绩效管理体系，实现企业与个人绩效的紧密融合。优秀的绩效管理能够有助于促进企业内部沟通、节约管理成本、促进员工自我发展和建立和谐的企业文化，是实现企业战略的重要手段。因此了解和掌握企业绩效管理过程显得尤为重要。

企业绩效管理是一个包括多阶段、多项目标的综合管理过程，包括绩效计划、绩效辅导、绩效考评、绩效反馈与面谈、绩效改进、绩效结果与应用六个基本过程。六个过程环环相扣，紧密相连，形成一个循环往复的 PDCA（Plan-Do-Check-Action）体系。

（三）企业绩效考评

企业绩效考评是绩效管理中最为重要和关键的一环，它关系着绩效管理能否正常顺利地执行和实施。有效的绩效考评是绩效管理的有力支撑，成功的绩效管理也会推动绩效考评的顺利开展。它们相互联系，相互影响，相互促进。

1. 绩效考评的含义

企业绩效考评指的是企业的绩效管理人员通过一套正式的、结构化的制度对员工的工作完成情况进行定量与定性评价，并以此为依据对员工进行有针对性的奖惩，从而了解员工的发展潜力，最终实现员工与企业的共同发展。

2. 确定绩效考评内容

由于绩效考评的对象、目的和范围不同，绩效考评的内容也呈现复杂多样化。但基本内容包括工作态度、工作能力、工作效率和工作业绩四个方面。

工作态度是指员工对待工作的喜好与忠诚程度；工作能力是指员工对工作的胜任程度及发展潜力；工作效率是指员工对时间、财物、信息、人力等资源的利用的效率，涉及工作的行为方式；工作业绩是指员工在工作中取得的数量和质量，主要指工作活动所实现的预定目标的程度，涉及工作的结果。

这四方面各有侧重但又相互补充，必须综合起来全面考察方能客观衡量员工的工作状况，否则会以偏概全，可能导致该员工或者其他员工积极性受挫，严重地影响企业的运营与发展。

3. 建立绩效考评指标体系

在确定了绩效考评的内容后，接下来需要用具体的指标来体现态度、能力、效率和业绩。

（1）制定关键绩效指标（KPI）。要列出衡量工作态度、工作能力、工作效率和工作业绩所有指标是不具备现实操作价值的，所以只需要找出那些与绩效直接相关、能最大限度反映绩效且容易量化和操作的关键绩效指标（KPI）就可以了。

一般来说，衡量工作态度的关键绩效指标包括出勤率、责任感和工作主动性等。

衡量工作能力的关键绩效指标包括员工的专业知识广度与深度、技能水平、团队合作精神、沟通能力和创新能力等。

衡量工作效率的关键绩效指标因职位不同会有所区别。例如对于生产线上的工人来讲，工作效率的关键绩效指标一般包括单位时间内生产的产品数量或者生产单位产品所耗费的时间。

衡量工作业绩的指标视具体的职位而有很大区别。例如对销售人员而言，衡量其工作效率的关键绩效指标包括订单数和客户数等。

（2）对指标权重赋值。确定了关键绩效指标后，还需要对指标赋权重。指标的权重表明的是指标在整体考评体系中的相对重要程度，权重是否合理将直接影响到考评的效果。

对关键指标权重赋值的方法主要有专家咨询法、层次分析法、二项系数加权法、环比评分法等。其中比较有代表性的、较成功的方法为专家咨询法和层次分析法。专家咨询法是邀请数位专家匿名赋值，多次论证后求均值。层次分析法是将所有的指标在方格矩阵中按纵横方向分别排列，进行两两比较，按照其重要度不同，标示出其比较值，填写在对应的方格中，再综合分析各个指标的重要度。

4. 确定绩效考评主体

建立绩效考评指标体系后，接下来需要确定绩效考评的主体，也就是确定到底由谁来参与考评。由于不同的主体观察问题的角度不同，得出的结果也不尽相同，因此需结合以下六类人员的考评意见。

（1）直接主管。直接主管考评是绩效考评的重点，因为直接主管对员工的工作态度、能力、效率和业绩非常熟悉，而且负有责任。由直接主管对员工的绩效进行考评也便于管理工作的顺利开展，但是要注意监督和引导直接主管客观公正地进行考评，避免其利用手中权力故意抬高或降低员工的绩效水平，导致绩效考核结果出现偏差。

（2）员工本人。员工本人对自己的工作状况最为熟悉，让自己参与考评有利于提高员工的积极性。但是由于绩效考评直接与薪酬挂钩，自评很难客观，因此最容易导致的一个现象是高估自己，所以这部分的权重应该适当的小一些。

（3）同事。同事之间在工作中接触频繁，沟通较多，相互比较了解。同事参与考评有利于促进团队合作精神和建立和谐的企业文化，但是要避免由于工作矛盾或者利益关系而产生的相互打压行为。

（4）下属。由下属对员工进行考评也有重要意义。尤其对于其领导能力、沟通能力等方面的评价，往往具有很强的针对性。但也要看到，下属由于顾虑上级的态度及反应，可能不会反映真实情况。所以应该采用匿名或者是降低该部分权重的办法来客观对待该考评结果。

（5）客户。对于与客户接触较多的服务型员工来讲，其绩效考评应该要考虑客户的评价。因为企业的利润和发展最终取决于客户的满意度，因此客户的考评极其重要。客户考评对于促进企业规范员工队伍、提高员工素质和增强服务水平有重要作用。

二、绩效考评方法

绩效考评的方法比较多，包括简单排序法、交替排序法、配对比较法、强制分配法、关键事件法、等级评价法、行为锚定评价法、行为观察评价法、目标管理法和360度考评法十种方法，其中最常用的是等级评价法和目标管理法。

（1）等级评价法。等级评价法是把被考评岗位的工作内容划分为相互独立的几个考评要素，并把每个考评要素划分为若干等级，且对每个等级均用明确的定义或说明来描述达到该等级的标准，然后按此进行评估，最后再综合得出总的评价。

等级评价法的优点是相对规范、比较容易操作且成本较低，应用非常普遍。其缺点是：①对评价等级的标准表述容易抽象和模糊，令评价者产生歧义，不同的人可能有不同的理解，故人与人之间评定等级差异较大；②习惯于评定较高等级，主管和同事碍于情面，很少打较低等级，从而造成评价结果没有明显差距；③容易流于形式，往往敷衍了事，达不到有效考核效果。

（2）目标管理法。目标管理法是一种综合性的绩效考评方法，是一种领导者与下属之间的双向互动过程。在进行目标制定时，上级和下属依据自己的经验和手中的材料，各自确定一个目标，双方沟通协商，找出两者之间的差距及差距产生的原因，然后重新确定目标，再次进行沟通协商，直至取得一致意见，即形成了目标管理的期望值。

目标管理法的优点较多，体现在：①由于考核职能由主管人员转移到直接的工作者，因而能保证员工的完全参与；②员工的目标是本人参与设定，在实现业绩目标后，员工会有一种成就感；③改善授权方式，有利于促进员工的自我发展；④促进良性沟通，加强上下级之间的联系；⑤适用面较广，有利于整体绩效管理。

目标管理的局限性表现在：①某些工作难于设定短期目标，因而难于实行；②有时员工们在设定目标时偏宽松；③一些管理者也对"放权"存在抵触情绪。

任何一种方法都存在着一定的局限性，因此现实中的企业往往结合自身的实际情况，综合多种绩效考评方法，形成适合自己的方法。

三、企业薪酬管理

（一）企业薪酬的含义

企业薪酬是指企业的员工依靠劳动从企业所获得的所有劳动报酬的总和。薪酬是员工赖以生存的保障，是个人价值的一种体现，是激励员工留在企业工作的重要因素。合理的薪酬是企业吸引优秀人才、改善经营绩效、获取竞争优势的重要砝码。

（二）企业薪酬的构成

企业薪酬所包含的内容非常广泛，但就其构成可以分为经济性薪酬和非经济性薪酬。

1. 经济性薪酬

企业的经济性薪酬是指员工从企业获得的各种货币形式的收入和可以间接转化为货币的或可以用货币计量的其他形式收入的总和。经济性薪酬是员工最为看重的部分，可以分为直接薪酬和间接薪酬。

（1）直接薪酬。直接薪酬是以货币形式支付的劳动报酬，它可以分为基本薪酬、补偿薪酬和激励薪酬。

①基本薪酬。基本薪酬是企业根据员工的职位、职称、级别、能力和工作表现等支付给员工的相对比较稳定的报酬，表现为基本工资。基本工资是员工在企业工作的主要收入，也是其他薪酬设置和变动的依据。

②补偿薪酬。补偿薪酬是企业对员工在非正常工作时间、特殊或困难工作条件下提供的额外的报酬，主要包括加班费和各种津贴（高温补贴、出差补贴和特殊工作条件补贴等）。

③激励薪酬。激励薪酬是为激励员工更加积极努力或者愿意更长期地为企业工作而支付给员工的报酬，主要包括奖金、员工持股、员工分红和经营者年薪制等。

（2）间接薪酬。间接薪酬是指企业给员工一般不以货币方式发放，但可以转化为货币或者可以用货币计量的各种福利、待遇、服务和消费活动，一般被称为福利薪酬或员工福利。福利薪酬可以分为公共福利、生活福利和个人福利等。

①公共福利。公共福利又被称为法定福利，主要包括养老保险、医疗保险、失业保险、工伤保险和生育保险等。

②生活福利。生活福利包括免费班车、免费工作餐、免费体检、免费体育锻炼、住房公积金、企业内部商品优惠、通信补贴和节假日礼物等。

③个人福利。个人福利包括公费进修培训、年金、补充医疗计划、带薪年假和企业集体旅游等。

知识拓展：

企业年金，是指企业及其职工在依法参加基本养老保险的基础上，自愿建立的补充养老保险制度，是社会保障体系的重要组成部分。企业年金采取自愿原则，实行完全积累制，采用个人账户管理和市场化运作，其费用由企业和职工个人共同缴纳。

企业年金不仅是一种企业福利、激励制度，也是一种社会制度，对调动企业职工的劳动积极性，增强企业的凝聚力和竞争力，完善国家多层次养老保障体系，提高和改善企业职工退休后的养老待遇水平，适应人口老龄化的需要，推动金融市场发展、促进社会和谐发展等具有积极的促进作用。

2. 非经济性薪酬

非经济性薪酬是指企业为员工提供能愉悦身心但无法用货币衡量的工作特征、环境和企业文化。它不仅包括企业知名度带给员工的自豪感、舒适的工作环境、融洽的同事关系和良好的团队合作精神等社会性的非经济薪酬，还包括职业安全感、自我发展空间、职业灵活性和晋升机会等职业性的非经济薪酬。

非经济薪酬更能抓住人的高层次需要，是影响人们进行职业选择的重要因素，和经济性薪酬共同结合成为企业吸引并保留人才的重要手段。

案例：

S 企业是一家全球 500 强的企业，横向比较该企业的工资收入并不高，但是一旦进入该企业的员工都不太愿意跳槽，因为该企业有非常完善的薪酬体系，表现如下。

该企业对员工每个月都有 500 元的午餐补贴，300 元的交通补贴，至少 400 元的话费补贴和 200 元的体育设施补贴。

该企业的住房公积金缴存比例较高，养老保险按照国家最高标准来缴存，而且还替员工每月缴存数量不小的一笔年金，来保障员工退休之后可以享受富裕的退休生活，解决了员工的后顾之忧。该企业医疗保险也按国家最高标准缴存，同时为员工入了大病保险和家庭补充医疗计划，体现了企业的人文关怀。该企业对员工的职业生涯发展极为关注，经常会对员工进行免费培训，有效地提高了员工的竞争力。

该企业员工出差都是飞机往返，且出差期间的生活补助和住宿补助标准都非常高，使得员工在出差期间可以在比较舒适的环境下工作，如果到艰苦的地方出差补助标准则更高。

该企业除了法定节假日外，还有圣诞假期 2 天和带薪年假 15 天，这对于辛苦一年的员工来说是很大的慰藉。该企业的员工如果是加班回家，凭发票报销出租车费用。因此在公司加班的员工不必担心回家赶不上末班车，大家都按照工作要求自觉自愿地加班。

该企业有很好的工作环境，办公大楼在当地首屈一指，让员工倍感荣耀。且该企业办公室都有饼干、萨其马等茶点和上好的茶叶和咖啡等以供员工享用。

该企业员工之间关系和睦，即便是有争执都是为完善工作。企业不搞帮派主义和"山头主义"，领导和员工之间没有官僚习气，相互尊重，即便是老总和最基层员工，都以名字相称，让员工感觉非常亲切和放松。

由于员工相对稳定，且都干劲十足，该企业业绩连年大幅增长。

（三）企业薪酬制度设计

完善合理的薪酬制度是企业吸引优秀人才获得长远发展的重要途径，因此了解和掌握企业薪酬制度的设计流程和方法就显得尤为重要了。

1. 企业薪酬制度设计的流程

企业的薪酬制度设计流程可以分为九个步骤：①通过对员工进行调查，明确他们的薪酬现状和需求；②分析员工需求结构、激励重点和本企业的实力，确定员工薪酬策略；③分析员工的知识技能和心理特征及任职要求，编制职位说明书；④对各职位相对价值进行排序和评价，奠定薪酬设计基础；⑤按照一定的规则着手职位等级划分；⑥制定绩效考评制度、技术评价标准和能力评价标准等，建立健全各项配套制度；⑦选择与本企业有竞争关系的企业，进行市场薪酬调查；⑧正确划分不同职务等级的薪酬水平、薪酬幅度和薪酬差距，确定薪酬结构和水平；⑨进行全员充分沟通后，实施和修正薪酬制度。

2. 企业薪酬制度设计方法

企业薪酬制度设计主要包括基本薪酬制度设计、激励薪酬制度设计、福利薪酬制度设计和非经济型薪酬设计。

（1）基本薪酬制度设计。基本薪酬是员工最为看重的部分，是薪酬设计的重点。基本薪酬制度设计包括以职位为导向的薪酬设计和以技能为导向的薪酬设计两种方法。

①以职位为导向的薪酬设计。以职位为导向的薪酬设计是指根据员工的职位类型和等级不同来设计薪酬的方法，包括职位等级法、职位分类法、计点法和比较因素法。

职位等级法是将员工的职位划分为若干级别，按所处的职位级别制定其基本薪酬的水平和数额。这种方法适用于规模较小、职位类型较少且员工对本企业各职位都较为了解的小型企业。

职位分类法是将企业中的所有职位划分为若干类型，根据各类型对企业的贡献和重要程度不同确定每一类职位员工的基本薪酬。例如将企业的职位按照研发类、财务类、营销类、生产类和行政类等进行划分。这种方法适合于专业化程度较高、分工较细、工作目标比较固定的产业和工种。

计点法首先是将职位划分为若干种职位类型，找到各类职位中包含的共同的"付酬因素"。付酬因素包括学历、年资、体力与智力、工作条件和承担的责任等。其次是把各种付酬因素划分为若干等级，并对每一因素及其等级进行说明，以便于实际操作。然后确定每一付酬因素的各等级分值。最后是利用转换表将处于不同等级上的职位的付酬因素数值转换成具体的薪酬金额。这种方法成本较高，操作比较复杂，是外企普遍使用的方法。

比较因素法的步骤分为六步：找出各类职位共同的付酬因素；确定关键职位；依次按所选各付酬因素，将各关键职务从相对价值由高到低排列；为各关键职位按各付酬因素分配薪值；比较按薪额及按因素价值排出的两种顺序；对照因素比较表对非关键待评职位进行职位评价。这种方法较为灵活，但是相对比较复杂且员工很难理解，所以应用不是很广泛。

②以技能为导向的薪酬设计。以技能为导向的薪酬设计，其设计思路是根据员工掌握的知识和技能来确定基本薪酬，具体分为以知识为基础的基本薪酬设计法和以技能为基础的基本薪酬设计法。

以知识为基础的基本薪酬设计是根据员工所具有的知识的深度来确定基本薪金的数额。这种设计的理论依据是较高文凭和学历的员工可以承担更高要求的工作，这种方法比较适合于企业职能管理人员基本薪酬的确定。

以技能为基础的基本薪酬设计是根据员工所掌握的技能广度和深度来确定其基本薪酬，这种方法比较适合于在研发、生产和业务一线员工基本薪酬的确定。

（2）激励薪酬制度设计。激励薪酬制度设计主要包括奖金制度的设计、员工持股制度的设计和员工分红制度的设计。

①奖金制度的设计。奖金制度的设计主要是对绩效奖金、建议奖金、节约奖金和特殊贡献奖金的设计。

绩效奖金是企业根据员工在一定时间内工作达到某一绩效时给予的奖励措施。企业制定绩效奖金时，必须保证绩效标准合理、明确，保证绩效奖金能够促进员工提高工作热情，从而提高工作绩效。

建议奖金是企业为了激发员工的责任感和主人翁意识，为企业多提供有建设性的意见而设置的奖金。在制定建议奖金时需注意只要员工提供的建议是有益于企业发展的，就应该进行奖励。但需要根据贡献大小确定不同金额的奖励，而且重复建议应该只奖励首先提出者。

节约奖金是企业为了鼓励员工节约资源、降低成本而设立的奖金，主要针对在不影响产品质量的情况下节约原材料的一线员工。

特殊贡献奖金是企业为奖励员工作出的特殊贡献而设立的，例如重大技术革新、项目创新等。特殊贡献奖主要针对少数关键任务，奖金数额应该适当加大。

②员工持股制度的设计。员工持股制度是企业向内部员工提供公司股票所有权的行为。在该制度下，企业向员工无偿分配或低于市价出售本企业的股票，员工在一定年限后可以转让获利或继续持有分红。

期权是员工持股制度的一种重要表现形式，是指员工以某一基期价格购买未来某一年份的同等面额的本企业股票，员工的报酬就是股票的基期价格与未来市场价格的差额。期权比持股的激励作用更强，但风险也较大，这种方法往往适用于企业创业初期吸引关键人才。

案例：

百度公司的股票期权计划俗称"金手铐"制度，源自美国硅谷高科技公司流行的期权计划。在公司成立之初，在知名度较小、竞争力较弱的情况下，为使员工目标定位于远期回报而不过分地强调现期收益，公司将全公司范围内的员工股票期权计划写入了公司的薪酬制度中，并且是所有员工都享受的，连公司的前台员工都被纳入这项计划之中。

百度公司自1999年成立至2005年6月成功登陆美国纳斯达克股票市场，其股票期权制度创造了近200名百万富翁，备受其他高科技公司员工的美慕。

③员工分红制度的设计。员工分红制度也被称为利润分享计划，是指企业把超过目标利润的部分对全体员工进行分配的制度。此种制度可以让员工共享企业的成果，有利于促进员工为创造企业利润而努力拼搏。但是往往分红制度会延期，员工获得奖励的时间与付出努力的时间间隔较长，奖励不够及时，容易使员工动力不足而工作积极性受影响。

（3）福利薪酬制度设计。福利薪酬包括公共福利、生活福利和个人福利。福利作为经济性薪酬的有效补充，是影响员工选择企业的重要因素。企业福利薪酬的设计应该参照行业标准，不能简单地照搬和模仿其他企业的经验，注意结合员工的实际需要进行灵活设计。

案例：

北京的交通拥堵是众所周知的，京城上班族在上下班高峰期挤公共交通出行是极其痛苦的事。很多体弱娇小的女职员在上班高峰期可能有十几趟车经过都挤不上去的情况，上下班坐车难成了困扰很多企业员工的心病。但有的企业很好地为员工解除了此项顾虑，用友软件股份有限公司（简称用友）就是其中一例。

用友软件股份有限公司总部位于北五环外，但公司为员工提供可到达各个方向的班车共计三十多辆，早晚准时接送上下班员工。员工可以坐在宽大舒适的班车上惬意安全地睡觉或与同事交谈，而不必去和汹涌的人流局促地挤在罐头一样的车厢里呼吸困难。这项福利措施令北京绝大部分企业员工羡慕不已，成为吸引不少员工加盟用友的重要原因之一。

（4）非经济性薪酬设计。非经济性薪酬是企业采用非经济方法来满足员工高层次需要的一种措施，包括工作本身的挑战性、合理性和发展性；工作软环境和硬环境的设置及企业文化的氛围等。企业在进行非经济性薪酬设计时，需要从员工精神层面入手，挖掘符合员工心境的需求，给员工创造愉悦的工作环境，切实体现企业的人文关怀。

弹性工作制是指在完成规定的工作任务或在固定的工作时间长度的前提下，员工可以自由安排工作时间，以代替统一固定的上下班时间的制度。

在惠普、微软、百度等企业开始实施弹性工作制以后，联想网御也开始实施。自此之后，员工上下班也不用打卡了。这个制度最早是从研发岗位开始实行的，因为很多项目来得突然，需要研发人员集中一定时间来攻关，那么第二天就不能要求他们准时到岗打卡。慢慢地，联想网御把弹性工作制推广到非研发岗位。非研发岗位：8：30—9：30 上班，17：30—18：30 下班；研发岗位：8：00—10：00 上班，17：00—19：00 下班。而对于销售人员来说自由度更大，一个月一两次例会，其他时间完全由销售人员自己支配。

弹性工作制对员工的素质要求非常高，而中小企业往往一线人员都是年轻人，自我调控能力相对差些，所以一般对大企业比较适用，中小企业往往很少采用。

四、企业人力培训开发管理

（一）企业人力培训开发的含义

企业人力培训开发又称员工培训，是指企业有计划地实施提高员工与工作相关的素质和能力的活动。这些素质和能力包括新知识、新观念、新技能和其他对工作绩效起关键作用的技能，也包括为员工未来发展而开展的正规教育、在职实践、人际互动及个性和能力的测评等活动。

（二）企业人力培训开发流程

企业人力培训是有效提高员工的素质和能力、实现员工自我价值，提高企业产品质量、构建高效绩效系统和获取竞争优势的重要手段，是人力资源管理的重要内容。企业人力资源管理人员在进行人力资源培训与开发时，需要熟练掌握员工培训开发流程。培训开发流程可以分为员工培训开发需求分析、员工培训开发实施培训和员工培训与开发评估三个阶段。

1. 员工培训开发需求分析阶段

在需求分析阶段，管理人员需要利用一系列的手段和方法，对组织层面、职位层面和人员层面进行分析，从而确定需要培训的客体、目标及内容。

2. 员工培训开发实施培训阶段

经过详细分析和准备之后，进入员工培训开发实施阶段。在此阶段，负责培训开发的管理人员需要根据培训经费预算，结合培训目标和培训对象的需求，确定合适的培训师。确定好培训师之后，应该和培训师充分沟通，共同确定适合培训对象的培训方法，选择合适的培训教材和内容。在正式培训之前，还需要和培训师及培训学员确认培训时间、培训场所和培训设施，以便保证培训活动的顺利进行。

3. 员工培训与开发评估阶段

员工培训开发评估阶段是企业人力培训开发的最后阶段。在此阶段，主管人员应根据培训学员的反应、学习、行为和成果等相关情况确定评估指标，采用工作态度考察法、成本收益法和同类员工对比法等评估方法来检验员工培训的效果，以便为今后的培训工作提供有价值的经验和教训，促使培训工作的逐步完善。

（三）企业人力培训开发方法

要使得员工培训开发更有成效，顺利实现培训目标，选择合适的培训方法是十分重要的。对于所有的组织来讲，培训方法很多，包括讲座法、远程学习法、导师制培训法、岗位轮换法、情景模拟法、拓展训练法、案例分析法、角色扮演法、行为模仿法和团队学习法等。但讲座法、远程学习法、导师制培训法、岗位轮换法、拓展训练法和团队学习法是企业中比较常用的培训方法。

1. 讲座法

讲座法是员工培训中最普遍的方法，是由培训师讲述知识，培训学员学习知识的一种方法。此法是一种单向沟通的方法，特别适合于培训学员人数众多的情况。该方法的优点是：培训成本较低、花费时间不多；有利于系统地讲解和接受知识，易于掌握和控制培训进度。缺点是：培训学员被动接受知识，若双方沟通不充分则培训效果可能较差。

2. 远程学习法

远程学习法是利用多媒体信息技术或互联网等现代技术手段为培训学员传授知识。远程学习包括电视会议、电话会议、电子文件会议或者是通过电子邮件等方式进行相互联系。该方法的优点是：可以使培训学员不受时间、空间的限制，节省培训费用；缺点是：培训师与培训学员之间沟通交流不够通畅，影响培训效果。

3. 导师制培训法

导师制培训法主要是为了让新员工尽快熟悉企业的工作和环境，给每个新员工配备一名老员工作为工作上的指导。此方法是主要针对企业新进员工设置的培训方法，有点类似于生产车间师傅带徒弟的性质。该方法的好处是可以融洽新老员工之间的关系，也能促使新员工尽快地熟悉业务，快速成长。不足之处是如果一个导师带的人员过多，那培训将会流于形式很难达到培训目的；如果培训导师知识更新较慢或技能比较单一，也很难达到培训效果。

4. 岗位轮换法

岗位轮换法是安排受训人员到企业不同部门不同工作岗位上轮换工作的一种系统而正式的培训方法。该方法的目的是：让受训者了解整个企业的经营状况和流程，熟悉各部门各岗位的职责，有助于员工找到适合自己的岗位，从而确定职业目标；也有利于企业培养具有综合素质的管理者。不足之处在于频繁的工作岗位轮换会给受训人员带来较大的压力，接触过多的工作岗位也有可能让受训者不能安心和专注于任何一个岗位，反倒有可能使其迷失方向。岗位轮换法对受训人员的要求比较高，需要受训人员具备较强的学习能力和心理承受能力，比较适合于大型企业的管理培训生或者是储备干部。

5. 拓展训练法

拓展训练是指通过模拟探险活动进行的以体能活动为引导，以心理挑战为重点，以人格完善为目的的体验式培训活动。在参与者解决问题和应对挑战的过程中，使受训者在如下方面有显著的提高：认识自身潜能，增强自信心，改善自身形象；克服心理惰性，磨炼战胜困难的毅力；启发想象力与创造力，提高解决问题的能力；认识群体的作用，增强对集体的参与意识与责任心；改善人际关系，学会关心，更为融洽地与群体合作；学习欣赏、关注和爱护大自然。拓展训练作为一种完善人格、增强团队精神的培训方法已经广泛开展。

6. 团队学习法

团队学习法是用以提高团队成员的技能和团队凝聚力的培训方法。它注重团队技能的提高以保证进行有效的团队合作，这种培训包括对团队功能的感受、知觉、信念的检验与讨论，并制订计划将培训中所学的内容应用于工作以提高团队绩效上。该方法最适用于开发与团队效率有关的技能，如自我意识能力、问题解决能力、危机管理能力和风险承担能力等。

国内某从事港口业务的咨询公司很注意培养团队协作精神，注重团队沟通和分享。他们每周都会安排固定的时间召集项目组的成员开团队分享会。团队分享会的内容是团队成员轮流将一周来所获得的管理新观点或新思维整理出来分析给与会的成员听。该分享会的要求是每名主讲人员找的观点或思维一定要新颖独特，能够发人深省，其他成员继主讲者分析之后都要发表自己的意见和观点，最后由专门的人员整理后将意见精髓发给每个成员。

团队分享会的沟通激发团员不断学习，相互碰撞出智慧的火花，促进成员工作思维能力的逐渐提高，有利于形成良好的团队合作精神。

五、面试程序

不同的单位对面试过程的设计会有所不同，有的单位会非常正式，有的单位则相对比较随意，但一般来说，面试可以分为以下四个阶段。

第一阶段：准备阶段。准备阶段主要是以一般性的社交话题进行交谈，例如主考会问类似"从宿舍到这里远不远""今天天气很好，是吗？"这样的问题，目的是使应聘人员能比较自然地进入面试情景之中，以便消除毕业生紧张的心情，建立一种和谐、友善的面试气氛。毕业生这时就不需要详细地对所问问题进行一一解答，可利用这个机会熟悉面试环境和考官。

第二阶段：引入阶段。社交性的话题结束后，毕业生的情绪逐渐稳定下来，开始进入第二阶段，这个阶段主要围绕其履历情况提出问题，给应聘者一次真正发言的机会。例如主考会问类似"请用简短的语言介绍一下你自己""在大学期间所学的主要课程有哪些""谈谈你在大学期间最大的收获是什么"等问题。毕业生在面试前就应对类似的问题进行准备，回答时要有针对性。

第三阶段：正题阶段。进入面谈的实质性正题，主要是从广泛的话题来了解应聘人员不同侧面的心理特点、行为特征、能力素质等，因此，提问的范围也较广，主要是为了针对应聘者的特点获取评价信息，提问的方式也各有不同。

第四阶段：结束阶段。主考在该问的问题都问完后，会问类似"我们的问题都问完了，请问你对我们有没有什么问题要问"这样的话题进入结束阶段，这时毕业生可提出一些自己想提问的问题，但不要问类似"请问你们在我们学校要招几个人"这样的问题，大部分单位都会回答你"不一定，要看毕业生的素质情况"，可以就如果被公司录用可能会接受的培训、工作的主要职责等问题进行提问。

六、面试中可能被问到的问题

面试随单位和岗位的不同而有很大差别，没有固定的形式、问题和答案，这里所列的只是常见的一些问题和回答的要点，仅供毕业生参考。

（一）关于个人方面的问题

1. 请介绍一下你自己

在面试前用人单位大多都看过了毕业生的自荐材料，一些基本情况都有所了解，所以在自我介绍时要简洁，突出你应聘该公司的动机和具备什么样的素质可以满足对方的要求。

2. 你有什么优缺点

充分介绍你的优点，但最好少用形容词，而用能够反映你的优点的事实说话。介绍缺点时可以从大学生普遍存在的弱点方面介绍，例如缺少社会经验。但如果有不可隐瞒的缺陷，也不应该回避，比如曾经受过处分，应如实介绍，同时可以多谈一些现在的认识和后来改正的情况。

3. 你是否有出国、考研究生等打算

很多毕业生在毕业时同时准备考研、就业和出国，先找单位，如果考研或出国成功就与单位解约。从单位的角度来说，招聘毕业生需要时间和费用，而且签约了一位毕业生就等于放弃了其他，所以在签约前首先确认毕业生是否考了研究生或准备出国，毕业生应如实地表明态度，以免签约后产生纠纷。

（二）关于学业、经历方面的问题

1. 你对自己的学习成绩满意吗

有的毕业生成绩比较好，这样的问题就很好回答，但对于那些成绩不太好的毕业生，可以表明自己的态度，并给予一个合适的理由，但不能找客观原因，如"老师教得不好"，显得你是推卸责任的人，同时最好突出一个自己好的方面，以免让人觉得你一无是处。

2. 你如何评价你的大学生活

大学期间是职业生涯的准备期，可以强调你的学习、工作、生活态度及取得的成绩，以及大学生活对你的影响。也可以简要提一些努力不够的地方。

3. 你担任过什么职务或参加过什么活动

可以介绍一下你的实习、社会调查、社团活动、勤工俭学等方面的情况及取得的成绩。最好还能介绍你在这些活动中取得的实际工作经验对你今后工作的重要性，它能说明你是一个善于学习的人。

（三）关于单位方面的问题

1. 你了解我们单位吗

只要毕业生提前做些准备，从多种途径收集用人单位的信息，这样的问题就比较容易回答，如果答非所问或张口结舌，场面可能会很尴尬。

2. 你了解我们所招聘的岗位吗

毕业生针对这样的问题可以从岗位职责和对应聘者的要求两个方面谈起，很多毕业生在这样的问题面前手足无措，其实只要详细阅读单位的招聘信息就可以了。

3. 你为什么应聘我们单位

毕业生可以从该单位在行业中的地位、自己的兴趣、能力和日后的发展前景等角度回答此问题。

4. 你是否应聘过其他单位

一般的单位都能理解毕业生同时应聘几家单位的事实，可以如实地回答，但最好能说明自己选择的次序。

（四）关于职业方面的问题

1. 你找工作最重要的考虑因素是什么

可以结合你正在应聘的工作，侧重谈你的兴趣、你对于取得事业上的成就的渴望、施展你的才能的可能性、未来的发展前景等。

2. 你认为你适合什么样的工作

结合你的长处或者专业背景回答，也许单位是结合未来的工作安排来提问，也许只是一般性地了解你对自己的评价，不要说不知道，也不要说什么都行。

3. 你如何规划你个人的职业生涯

毕业生在求职前一定要对这样的问题有所考虑，并不仅仅是因为面试时可能被问到，对这个问题的思考有助于为个人树立目标。

七、面试礼仪

求职面试礼仪，从每个细节改变打造自己的形象，不过这些不容易速成，很多都需要长期的修养磨炼，甚至和自身所处的环境密切相关。

（一）时间观念是第一道题

守时是职业道德的一个基本要求，提前 10～15 分钟到达面试地点效果最佳，可熟悉一下环境，稳定一下心神。提前半小时以上到达会被视为没有时间观念，但在面试时迟到或是匆匆忙忙赶到却是致命的，如果你面试迟到，那么不管你有什么理由，也会被视为缺乏自我管理和约束能力，即缺乏职业能力，给面试者留下非常不好的印象。不管什么理由，迟到会影响自身的形象，这是一个对人、对自己尊重的问题。而且大公司的面试往往一次要安排很多人，迟到了几分钟，就很可能永远与这家公司失之交臂了，因为这是面试的第一道题，你的分值就被扣掉，后面的你也会因状态不佳而搞砸。

如果路程较远，宁可早到30分钟，甚至一个小时。城市很大，路上堵车的情形很普遍，对于不熟悉的地方也难免迷路。但早到后不宜提早进入办公室，最好不要提前10分钟以上出现在面谈地点，否则聘用者很可能因为手头的事情没处理完而觉得很不方便。外企的老板往往是说几点就是几点，一般绝不提前。当然，如果事先通知了许多人来面试，早到者可提早面试或是在空闲的会议室等候，那就另当别论。对面试地点比较远，地理位置也比较复杂的，不妨先跑一趟，熟悉交通线路、地形甚至事先搞清洗手间的位置，这样你就知道面试的具体地点，同时也了解路上所需的时间。

但招聘人员是允许迟到的，这一点一定要清楚，对招聘人员迟到千万不要太介意，也不要太介意面试人员的礼仪、素养。如果他们有不妥之处，你应尽量表现得大度开朗一些，这样往往能使坏事变好事。否则，招聘人员一迟到，你的不满情绪就溢于言表，面露愠色，招聘人员对你的第一印象就大打折扣，甚至导致满盘皆输。因为面试也是一种人际磨合能力的考察，你得体、周到的表现自然是有百利而无一害的。

（二）进入面试单位的第一形象

到了办公区，最好径直走到面试单位，而不要四处张望，甚至被保安盯上；走进公司之前，口香糖和香烟都收起来，因为大多数的面试官都无法忍受你在公司嚼口香糖或吸烟；手机坚决不要开，避免面试时造成尴尬局面，同时也分散你的精力，影响你的成绩。一进面试单位，若有前台，则开门见山说明来意，经指导到指定区域落座，若无前台，则找工作人员求助。这时要注意用语文明，开始的"你好"和被指导后的"谢谢"是必说的，这代表你的教养；一些小企业没有等候室，就在面试办公室的门外等候；当办公室门打开时应有礼貌地说声："打扰了。"然后向室内考官表明自己是来面试的，绝不可贸然闯入；假如有工作人员告诉你面试地点及时间，应当表示感谢；不要询问单位情况或向其索要材料，且无权对单位作以品评；不要驻足观看其他工作人员的工作，或在落座后对工作人员所讨论的事情或接听的电话发表意见或评论，以免给人肤浅嘴快的印象。

（三）等待面试时表现不容忽视

进入公司前台，要把访问的主题、有无约定、访问者的名字和自己名字报上。到达面试地点后应在等候室耐心等候，并保持安静及正确的坐姿。如果此时有的单位为使面试能尽可能多地略过单位情况介绍步骤，尽快进入实质性阶段准备了公司的介绍材料，应该仔细阅读以先期了解其情况。也可自苔一些试题重温。而不要来回走动显示浮躁不安，也不要与别的接受面试者聊天，因为这可能是你未来的同事，甚至决定你能否称职的人，你的谈话对周围的影响是你难以把握的，这也许会导致你应聘的失败。更要坚决制止的是在接待室恰巧遇到朋友或熟人，就旁若无人地大声说话或笑闹；嚼口香糖，抽香烟、接手机。

（四）与面试官的第一个照面

1. 把握进屋时机

如果没有人通知，即使前面一个人已经面试结束，也应该在门外耐心等待，不要擅自走进面试房间。自己的名字被喊到，就有力地答一声"是"，然后再敲门进入，敲两三下是较为标准的。敲门时千万不可敲得太用劲，以里面听得见的力度。听到里面说："请进"后，要回答："打扰了"再进入房间。开门关门尽量要轻，进门后不要用后手随手将门关上，应转过身去正对着门，用手轻轻将门合上。回过身来将上半身前倾30°左右，向面试官鞠躬行礼，面带微笑称呼一声"你好"，彬彬有礼而大方得体，不要过分殷勤、拘谨或过分谦让。

2. 专业化的握手

面试时，握手是最重要的一种身体语言。专业化的握手能创造出平等、彼此信任的和谐氛围。你的自信也会使人感到你能够胜任而且愿意做任何工作。这是创造好的第一印象的最佳途径。怎样握手，握多长时间，这些都非常关键。因为这是你与面试官的初次见面，这种手与手的礼貌接触是建立第一印象的重要开始，不少企业把握手作为考察一个应聘者是否专业、自信的依据。所以，在面试官的手朝你伸过来之后就握住它，要保证你的整个手臂呈 L 形（90°），有力地摇两下，然后把手自然地放下。握手应该坚实有力，有"感染力"。双眼要直视对方，自信地说出你的名字，即使你是位女士，也要表示出坚定的态度，但不要太使劲，更不要使劲摇晃；不要用两只手，用这种方式握手在西方公司看来不够专业。而且手应当是干燥、温暖的。如果他/她伸出手，却握到一只软弱无力、湿乎乎的手，这肯定不是好的开端。如果你刚刚赶到面试现场，用凉水冲冲手，使自己保持冷静。如果手心发凉，就用热水捂一下。

握手时长时间地拖住面试官的手，偶尔用力或快速捏一下手掌。这些动作说明你过于紧张，而面试时太紧张表示你无法胜任这项工作；轻触式握手显出你很害怕而且缺乏信心，你在面试官面前应表现出你是个能干的、善于与人相处的职业者；远距离在对方还没伸手之前，就伸长手臂去够面试官的手，表示你太紧张和害怕，面试者会认为你不喜欢或者不信任他们。

3. 无声胜有声的形体语言

加州大学洛杉矶分校的一项研究表明，个人给他人留下的印象，7%取决于用词，38%取决于音质，55%取决于非语言交流。非语言交流的重要性可想而知。在面试中，恰当使用非语言交流的技巧，将为你带来事半功倍的效果。

除了讲话以外，无声语言是重要的公关手段，主要有手势语、目光语、身势语、面部语、服饰语等，通过仪表、姿态、神情、动作来传递信息，它们在交谈中往往起着有声语言无法比拟的效果，是职业形象的更高境界。形体语言对面试成败非常关键，有时一个眼神或者手势都会影响到整体评分。比如面部表情的适当微笑，就显现出一个人的乐观、豁达、自信；服饰的大方得体、不俗不妖，能反映出大学生风华正茂，有知识、有修养、青春活泼，独有魅力，它可以在考官眼中形成一道绚丽的风景，增强你的求职竞争能力。

（1）如钟坐姿显精神。进入面试室后，在没有听到"请坐"之前，绝对不可以坐下，等考官告诉你"请坐"时才可坐下，坐下时应道声"谢谢"。坐姿也有讲究，"站如松，坐如钟"，面试时也应该如此，良好的坐姿是给面试官留下好印象的关键要素之一。坐椅子时最好坐满2/3，上身挺直，这样显得精神抖擞；保持轻松自如的姿势，身体要略向前倾。不要弓着腰，也不要把腰挺得很直，这样反倒会给人留下死板的印象，应该很自然地将腰伸直，并拢双膝，把手自然地放在上面。有两种坐姿不可取：一是紧贴着椅背坐，显得太放松；二是只坐在椅边，显得太紧张。这两种坐法，都不利于面试的进行。要表现出精力和热忱，松懈的姿势会让人感到你疲惫不堪或漫不经心。切忌跷二郎腿并不停抖动，两臂不要交叉在胸前，更不能把手放在邻座椅背上，或加些玩笔、摸头、伸舌头等小动作，容易给别人一种轻浮傲慢、有失庄重的印象。

（2）眼睛是心灵的窗户。面试一开始就要留心自己的身体语言，特别是自己的眼神，对面试官应全神贯注，目光始终聚焦在面试人员身上，在不言之中，展现出自信及对对方的尊重。眼睛是心灵的窗户，恰当的眼神能体现出智慧、自信及对公司的向往和热情。注意眼神的交流，这不仅是相互尊重的表示，也可以更好地获取一些信息，与面试官的动作达成默契。正确的眼神表达应该是礼貌地正视对方，注视的部位最好是考官的鼻眼三角区（社交区）；目光平和而有神，专注而不呆板；如果有几个面试官在场，说话的时候要适当用目光扫视一下其他人，以示尊重；回答问题前，可以把视线投在对方背面墙上，约两三秒钟做思考，不宜过长，开口回答问题时，应该把视线收回来。

（3）微笑的表情有亲和力。微笑是自信的第一步，也能为你消除紧张。面试时要面带微笑，亲切和蔼、谦虚虔诚、有问必答。面带微笑会增进与面试官的沟通，会百分之百地提高你的外部形象，改善你与面试官的关系。赏心悦目的面部表情，应聘的成功率远高于那些目不斜视、笑不露齿的人。不要板着面孔，苦着一张脸，否则不能给人以最佳的印象，争取到工作机会。听对方说话时，要时有点头，表示自己听明白了或正在注意听。同时也要不时面带微笑，当然也不宜笑得太僵硬，一切都要顺其自然。表情呆板、大大咧咧、扭扭捏捏、矫揉造作，都是一种美的缺陷，破坏了自然的美。

（4）适度恰当的手势。说话时做些手势，加大对某个问题的形容和力度，是很自然的，可手势太多也会分散人的注意力，需要时适度配合表达。中国人的手势往往特别多，而且几乎都一个模子。尤其是在讲英文的时候，习惯两个手不停地上下晃，或者单手比画。这一点一定要注意。平时要留意外国人的手势，了解中外手势的不同。另外注意不要用手比画一二三，这样往往会滔滔不绝，令人生厌。而且中西方手势中，一二三的表达方式也迥然不同，用错了反而造成误解。交谈很投机时，可适当地配合一些手势讲解，但不要频繁耸肩，手舞足蹈。有些求职者由于紧张，双手不知道该放哪儿，而有些人过于兴奋，在侃侃而谈时舞动双手，这些都不可取。不要有太多小动作，这是不成熟的表现，更切忌抓耳挠腮、用手捂嘴说话，这样显得紧张，不专心交谈。很多中国人都有这一习惯，为表示亲切而拍对方的肩膀，这对面试官很失礼。

八、怎样让面试官重视你

个人自我介绍是面试实战非常关键的一步，因为众所周知的"前因效应"的影响，这2~3分钟见面前的自我介绍，将是你所有工作成绩与为人处世的总结，也是你接下来面试的基调，考官将基于你的材料与介绍进行提问。将在很大程度上决定你在各位考官心里的形象，形象良好，才能让面试官重视你。

（一）气质高雅与风度潇洒

面试时，招聘单位对你的第一印象最重要。你要仪态大方得体，举止温文而雅，要想树立起自己的良好形象，这就肯定要借助各种公关手段和方法。各种公关手段主要有言辞语言公关、态势语言公关和素养公关。这些公关手段又包括数种方法，如幽默法、委婉法等。还应掌握一些公关的基本技巧。只有在了解有关公关的常规知识之后，才能顺利地、成功地树立起自己良好的形象。如果你能使一个人对你有好感，那么也就可能使你周围的每一个人甚至是更多的人都对你有好感。往往是风度翩翩者稳操胜券，仪态平平者则屈居人后。

在人际交往中，人们常常用"气质很好"这句模糊其意的话来评价对某个人的总体印象，似乎正是其模糊性才体现较高的概括力。然而，一旦要把这个具体的感觉用抽象的概念作解释，就变得难以表达了。其实言谈举止就反映内在气质，从心理学的角度来看，一个人的言谈举止反映的是他（她）的内在修养，比如一个人的个性、价值取向、气质、所学专业……不同类型的人会表现出不一样的行为习惯，而不同公司、不同部门，也就在面试中通过对大学生言谈举止的观察，来了解他们的内在修养、内在气质，并以此来确定其是否是自己需要的人选。面试能否成功，是在应聘者不经意间被决定的，而且和应聘者的言谈举止很有关系。而这些内在素质，都会在平常的言谈举止中流露出来。

如果说气质源于陶冶，那么风度则可以借助于技术因素，或者说有时是可以操作的。风度总是伴随着礼仪，一个有风度的人必定谙知礼仪的重要，既彬彬有礼，又落落大方，顺乎自然，合乎人情，外表、内涵和肢体语言的真挚融合为一，这便是现代人的潇洒风度。每个人都有自己的形象风格，展现自我风采的另外一个重要因素便是自信，体现出一种独特的自然魅力，自我风采便无人能挡。

（二）语言就是力量

语言艺术是一门综合艺术，包含着丰富的内涵。一个语言艺术造诣较深的人需要多方面的素质，如具有较高理论水平、广博的知识、扎扎实实的语言功底。如果说外部形象是面试的第一张名片，那么语言就是第二张名片，它客观反映了一个人的文化素质和内涵修养。谦虚、诚恳、自然、亲和、自信的谈话态度会让你在任何场合都受到欢迎，动人的公关语言、艺术性的口才将帮助你获得成功。面试时要在现有的语言水平上尽可能地发挥口才作用。对所提出的问题对答如流，恰到好处，妙语连珠，耐人寻味，又不夸夸其谈，夸大其词。自我介绍是很好的表现机会，应把握以下几个要点：第一，要突出个人的优点和特长，并要有相当的可信度。特别是具有实际管理经验的要突出自己在管理方面的优势，最好是通过自己做过什么项目这样的方式来叙述一下，语言要概括、简洁、有力，不要拖泥带水，轻重不分。重复的语言虽然有其强调的作用，但也可能使考官产生厌烦情绪，因此重申的内容应该是浓缩的精华，要突出你与众不同的个性和特长，给考官留下几许难忘的记忆；第二，要展示个性，使个人形象鲜明，可以适当引用别人的言论，如老师、朋友等的评论来支持自己的描述；第三，坚持以事实说话，少用虚词、感叹词之类；第四，要符合常规，介绍的内容和层次应合理、有序地展开。要注意语言逻辑，介绍时应层次分明、重点突出，使自己的优势很自然地逐步显露；第五，尽量不要用简称、方言、土语和口头语，以免对方难以听懂。当不能回答某一问题时，应如实告诉对方，含糊其词和胡吹乱侃会导致失败。

面试，在很多情况下是与面试官最直接的"短兵相接"，一举一动、一言一行都让面试官尽收眼底。所以面试礼仪就是最为重要的一个环节，礼仪是个人素质的一种外在表现形式，是面试制胜的法宝。面试礼仪这个环节又由许多小环节构成，如果礼仪知识知之甚少或忽视礼仪的作用，在一个小环节上出现纰漏，必然会被淘汰出局，肯定失败无疑，因为即便你得了 99 分，可得了 100 分的还要因其他方面而淘汰，那就是竞争太激烈了。

小组讨论：

减薪跳槽是指职场人士在跳槽后收入减少。很多职场人士跳槽时都有过减薪跳槽的经历，请你解释可能的原因是什么。

任务实施

实训背景：据国外媒体报道，雅虎公司内部备忘录显示，公司总裁玛丽莎·梅耶尔（Marissa Mayer）正在推行一项新的工作制度，要求雅虎员工必须到离家最近的雅虎办公室中办公，而不遵守该制度的员工将会被要求离职。

人力资源部门主管杰基·瑞瑟斯（Jackie Reses）解释称，"在家办公往往意味着工作效率与质量的下降。目前我们需要作为一个整体的雅虎，所有的员工都需要众志成城，而这不仅仅是精神，更重要的是身体力行。"

据媒体早些时候报道，雅虎此举起初只是针对客户服务代表等少数员工。但根据最新消息，该制度将延伸至所有雅虎员工，那些坚持在家办公的雅虎员工将被要求离职。而一位总经理同时称制度的施行有一定灵活性，会根据实际情况进行调整。

显而易见，这项制度引起了雅虎员工的强烈抗议。许多人认为，当初之所以选择雅虎，原因就在于其弹性工作制度。一些雅虎员工称公司的决定"蛮横无理""打击员工士气"。

事实上，大多数科技公司鼓励员工在办公室工作，并通过提供免费餐饮及补贴等福利来激励员工。但一般不会强制要求员工到公司办公。Word Press 创始人马特·穆伦维格（Matt Mullenweg）表示对员工的办公地点不作任何强制性的要求，"只要感兴趣，他们可以在世界上的任何角落办公。目前大部分员工在旧金山之外的地方办公。"

弹性工作制度一直以来都受人热议。有些人认为在家办公是未来的发展趋势，与此同时一些人认为弹性工作制度往往会影响到生产率的提高。

实训要求：根据案例内容，分析梅耶尔的决策。

[+] 任务反馈

项目小结

企业人力资源管理中比较重要的内容是企业招聘管理、企业绩效管理、企业薪酬设计和企业的人力培训开发管理。现代企业最重要的是人才，人才的获取主要通过招聘。企业的招聘管理工作需要确定招聘流程、选择招聘渠道和确定招聘方法。企业具有完善的薪酬管理体系是吸引和留住人才的重要原因。企业制定薪酬体系需要了解薪酬的构成，结合企业实情灵活设计薪酬制度。企业的绩效考评制度的公正合理保证了薪酬制度的顺利实施。企业的绩效考评管理包括明确绩效考评的内容、建立绩效指标体系、确定绩效考评的主体和方法。

培训也是企业维持人力稳定的重要原因，企业应该采取各种方法对员工进行有针对性的培训，以保证员工工作能力和素质的提高。

营销谚语

除了心存感激还不够，还必须双手合十，以虔诚之心来领导员工。

项目三　企业战略管理

任务一　初识企业战略知识

试一试

新能源行业、餐饮业和瓶装液化气业分别处于行业周期的哪个阶段？

想一想

1. 什么是战略？
2. 谁负责制定企业的战略？
3. 制定战略的步骤有哪些？
4. 制定企业战略时应该考虑哪些因素？
5. 企业可供选择的战略有哪些？

经典赏析

近年来，"破产"一词我们已相当熟悉。据报道称即便是在经济形势正常的年份，中国平均每天有 2740 家企业倒闭，平均每小时有 114 家企业破产，每分钟有 2 家企业破产。我们经常在媒体上看到这样的现象：在针对某个企业尤其是大型企业的破产问题展开讨论时，总有一些专家站出来指出该企业破产的主要原因是由于"战略失误"或"战略转型失败"。"战略"一词于是越发引起人们的重视，很多企业纷纷开始花重金送管理者去进行战略培训，学成归来开始组建战略研究部门。

评一评

战略与战术有什么不同？

相关知识

一、初识企业战略

（一）战略与战术

1. 战略与战术的含义

"战略"一词源于希腊语，意为"将军的艺术"，原为军事用语。其本意是基于对战争全局的分析、判断而做出的筹划和指导，后来演变成为泛指重大的、全局性的、左右成败的谋划。

战术是指为了达到战略目的所采取的具体行动和手段。

2. 战略与战术的关系

由战略和战术的含义我们不难看出战略与战术的关系：战略是如何赢得一场战争的概念，战术是如何赢得一场战役的概念；战略是一个全局的整体的概念，战术是一个局部的具体的概念；战术应当支配战略，战略推动战术。

（二）企业战略基础知识

第二次世界大战后，"战略"这一术语被引入经济学范畴，并逐步出现了"企业战略"一类新的概念和新的用语。

1. 企业战略的含义

企业战略指的是企业在激烈的市场竞争环境中，在总结历史经验、调查现状、预测未来的基础上，为谋求企业的生存发展所做出的长远的、全局性的谋划或方案。

2. 企业战略的特征

企业战略是设立企业远景目标并对实现目标的轨迹进行的长远性、全局性的谋划，因此具有指导性、全局性、长远性、灵活性、稳定性、竞争性、系统性和风险性八大主要特征。

（1）指导性。企业战略界定了企业的经营方向、远景目标，明确了企业的经营方针和行动指南，并筹划了实现目标的发展轨迹及指导性的措施、对策，在企业经营管理活动中起着导向的作用。

（2）全局性。全局性是企业战略最根本的特征。企业战略立足于未来，通过对国际、国家的政治、经济、文化及行业等经营环境的深入分析，并结合自身资源，站在系统管理高度，对企业的远景发展轨迹进行了全面的规划，因而是一种总体决策。全局是由若干局部组成的，局部利益必须服从全局利益。从局部出发，只关注局部利益的谋划是不能列入企业战略的。

（3）长远性。长远性是指战略制定的着眼点应该放在未来而不是现在，应该考虑长期利益而不是只看重短期利益。企业战略着眼于长期生存和长远发展的思考，确立远景目标，并谋划实现远景目标的发展轨迹及宏观管理的措施、对策。

（4）灵活性。企业战略是在总结历史经验、调查现状、预测未来的基础上制定和实施的。但是不管是企业面临的宏观环境、行业环境还是自身环境都受诸多因素的影响，是不断变化的。而且预测是对未来发生的事进行估计分析，未来存在很多的不确定性，很难预测准确。因此，战略应当具有较强的灵活性，能够随机应变地指导企业的总体行为。

（5）稳定性。虽说企业战略应该具备必要的灵活性，但是企业战略的制定是对企业长远目标的谋划，涉及企业全局的利益。所以除根据市场变化进行必要的调整外，制定的战略通常不能朝令夕改，应该具有长效的稳定性。

（6）竞争性。企业战略具有竞争性。战略是适应市场的需要而产生的，是为了增强企业的活力和优势而制定的。战略的作用在于通过密切注视市场竞争态势和企业自身的相对竞争地位，抓住机遇，迎接挑战，发挥优势，克服弱点，以求在"商战"中克敌制胜，保障企业的生存和发展。

（7）系统性。企业战略是要围绕长远目标设立阶段目标及各阶段目标实现的经营策略，以构成一个环环相扣的战略目标体系。而战略是有层次性的，由企业总体战略、企业业务战略和企业职能战略所构成。一方面，总体战略应根据各个业务单位和职能部门的实际情况来制定，兼顾各方利益；另一方面，业务战略和职能战略又应该服从总体战略的要求，为企业全局利益考虑。所有的战略都是为了实现企业长远目标这一共同利益，所以要建立牢固的系统观。

（8）风险性。企业做出任何一项决策都存在风险，战略决策也不例外。市场研究深入，行业发展趋势预测准确，设立的远景目标客观，各战略阶段人、财、物等资源调配得当，战略形态选择科学，这样制定的战略才能引导企业健康、快速地发展。反之，仅凭个人主观判断市场，没有客观深入的分析，设立目标过于理想或对行业的发展趋势预测有偏差，制定的战略就会产生管理误导，甚至给企业带来破产的风险。

3. 企业战略的层次

企业战略不是单一的，而是分为多个层次的。企业规模不同，企业战略的层次也相应不同。一般来讲，在大中型企业中，企业的战略可以划分为三个重要的层次：企业总体战略、企业业务战略和企业职能战略。

（1）企业总体战略。企业总体战略，指为实现企业总体目标，对企业未来发展方向作出的长期性和总体性战略。它是企业战略中最高层次的战略，是整个企业发展的最高行动纲领，它需要根据企业的目标，选择企业可以竞争的经营领域，合理配置企业经营所必需的资源，使各项经营业务相互支持、相互协调。从企业的经营发展方向到企业各部门之间的协调，从有形资源的充分利用到整个企业的价值观念、文化环境的建立，都是总体战略的重要内容。企业总体战略是有关企业全局发展的、整体性的、长期的战略行为，其制定与推行的人员主要是企业的高层管理人员。

（2）企业业务战略。企业业务战略也被称为企业的竞争战略或者是事业部战略。企业业务战略是企业内部各部门和所属单位在企业总体战略的指导下，经营管理某一个特定的经营单位的战略计划。企业业务战略是经营一级的战略，它的重点是要改进一个业务单位在它所从事的行业中，或某一特定的细分市场中所提供的产品和服务的竞争地位。它是在总体性的公司战略指导下，经营某一特定经营单位所指定的战略计划，是企业总体战略之下的子战略。

（3）企业职能战略。企业职能战略是为了实现总体战略和业务战略，企业的各职能部门在自己特定的职能领域内制定的实施战略。包括生产战略、市场营销战略、人力资源战略、财务战略和研发战略，等等。

知识拓展：

最近几年，红海战略和蓝海战略被广泛提及。"红海"就是充满血腥竞争的已知市场空间，"蓝海"就是尚未开发的新的市场空间。蓝海战略就是要摆脱"红海"竞争，开创"蓝海"市场，把视线从市场的供给一方移向需求一方，实现从与对手的竞争转向为买方提供价值的飞跃，并通过跨越现有竞争边界看市场，以及将不同市场的买方价值元素筛选与重新排序，重建市场和产业边界，开启巨大的潜在需求。蓝海战略的本质就是要同时追求"差异化"和"成本领先"。红海战略则是用普遍接受的业务分类方法，提供类似的产品或服务，专注于同样的客户群，用行业类似的方法定位自身。

（三）企业战略制定

企业战略管理是一个动态、系统的过程，它包括了企业战略制定、企业战略实施和企业战略控制三方面的内容。这三方面内容相互联系，共同作用，为企业战略活动提供有机的保障。对于初涉企业战略管理的人来讲，了解企业战略制定是最起码的要求，因为企业战略制定是战略管理中最核心的部分。以下介绍战略制定，至于企业战略实施和企业战略控制等内容，会在专门的企业战略管理教材中详细介绍。

战略制定的步骤一般包括以下流程。

1. 识别鉴定现有战略

影响企业制定战略的原因主要有两个：有可能企业原来根本没有战略，或者是即便有战略但是原有战略已经不符合新环境下企业发展的需要了。此时，企业需要制定新的战略。如果企业原来有战略，那企业在制定新战略前一定要认真识别和鉴定现有战略。分析现有战略与企业长远目标是否相符，是否与现有环境相适应，是否存在缺陷及存在哪些缺陷。只有认真分析清楚现有战略的状况，才能辨别清楚是否有必要进行新战略制定，才能为如何制定新战略提供正确的依据。

2. 分析企业战略环境

现代企业处在复杂多变的环境当中，要制定出正确的战略，必须对企业所处的战略环境有清晰的认识，因此分析企业环境十分必要。分析企业环境要注意了解企业所处的外部环境和结合企业自身的内部条件，以便合理利用企业自身的各种资源来适应环境要求。

3. 确定企业使命与目标

企业的战略目标是通过执行战略来达到预期的成果。企业战略目标因企业类型和使命不同而存在差异。企业使命一般可分为盈利、服务、员工和社会责任四个方面。企业战略目标应该符合企业内外部环境，应该是切实可行的，切忌好高骛远。企业的战略目标应该是积极的，能够对企业发展起引导和激励作用，能够促使企业健康成长与发展。

企业使命是企业存在的目的和理由，企业使命应该至少具备五个要素。

（1）反映企业定位，包括盈利方式、企业的社会责任及市场定位的企业价值。

（2）有导向作用。明确的企业使命能够指明企业未来的发展方向，能为有效分配和使用资源提供一个基本的行为框架。

（3）说明业务范围。即生产什么产品，在哪个领域经营。

（4）有利于界定自身的企业形象，加深客户对企业的认知。

（5）企业使命取决于影响战略决策的利益相关者的相对能力。

例如微软公司使命：致力于提供使工作、学习、生活更加方便、丰富的个人电脑软件。

4. 选择确定战略方案

在分析企业的内外部环境和明确企业的战略目标后，接下来企业管理者将与企业战略专家及其他相关人员一起参与企业战略方案的规划，选择适合企业发展的总体战略、业务战略和职能战略。

在以上四个步骤中，分析企业环境和选择确定战略是比较复杂的，接下来就重点介绍企业战略环境分析和企业战略选择这两大部分内容。

二、企业战略环境分析

企业管理人员在进行战略制定和选择之前，必须要先分析企业所面临的战略环境。战略环境分析是企业战略管理的基础，其任务是根据企业目前所处的市场环境和发展机会来确定未来发展的方向和目标。企业的战略环境分析包括企业外部环境分析和企业内部条件分析。

（一）企业外部环境分析

企业外部环境分析包括企业的宏观环境分析和行业环境分析。

1. 宏观环境分析

企业的宏观环境分析主要包括对企业所处的人口环境、经济环境、技术环境、政治环境、法律环境和社会文化环境等进行分析。

2. 行业环境分析

行业是生产满足同一类需求的产品的企业的总和。一个企业是否有长期发展的前景，同它所处的行业的性质休戚相关。处于快速发展的行业，对任何企业都有吸引力；反之，处于衰退期的行业，企业发展就会步履维艰。因此进行行业环境分析，预测行业发展的前景，把握企业未来发展的趋势，是进行企业战略的制定和选择的基础。

（1）行业周期分析。企业都是处于一个具体的行业环境中，每个行业都有自己的生命周期，都有自己产生、发展和衰退的过程。行业的生命周期一般分为四个阶段。

①形成期。形成期是指某一个行业刚刚出现在市场上，公众对其技术和产品还处于非常陌生的阶段。这时的行业被称为"朝阳行业"。在此阶段，有较多的小企业出现，颇具规模的大企业很少，企业之间争夺顾客的压力比较小。因为此时消费者对该行业和产品都不熟悉，普遍对产品的接受度比较低，各企业更看重的是以后的发展，都热衷于开发新产品和提高生产技术，积极为下一个阶段竞争作准备。此时整个行业呈现的特征是产品尚未成型、消费者知晓和认可度低、竞争较少、生产能力过剩、利润少、风险大，行业发展略显失衡。

②成长期。行业进入成长期，表现在产品已经比较完善，消费者对产品的认知度提高，市场迅速扩大，企业的销售额和利润迅速增长，企业对风险的抵抗力增强。由于利润的增长，不少新企业加入进来，行业规模开始扩大，竞争日益激烈。

③成熟期。在这一阶段，产品为绝大多数消费者所熟知，重复购买成为重要特征，市场需求趋向饱和，潜在顾客几乎被挖掘殆尽。销售额增长速度变缓甚至转而下降，产品设计缺乏变化，生产能力开始过剩，利润不再增长，甚至开始回落。行业内部竞争异常激烈，合并、兼并大量出现，许多小企业开始退出，行业开始由分散走向集中，往往只能留下少量大企业。

④衰退期。消费者对产品已经没有兴趣，随着科学技术的发展，市场上出现新产品和性价比更好的替代产品，这时行业进入衰退期。此时销售额明显下降，生产能力严重过剩，竞争激烈程度由于某些企业的退出而趋缓，行业规模缩小，利润大幅度下降。这一行业被人们称为"夕阳行业"。当行业进入这一阶段，有可能还会持续一段时间，也有可能因为没有创新留不住消费者而迅速消失。

只有了解行业目前处于哪个阶段，才能决定企业在该行业是进入、维持还是撤退，这对于企业战略的制定特别是多元化竞争战略的制定具有极其重要的意义。

（2）行业竞争结构分析。企业对行业环境的分析不仅包括行业周期分析，还包括对行业内竞争结构进行分析。行业内的竞争结构一般包括五种力量，分别为供应商的议价能力、购买者的议价能力、潜在进入者的威胁、替代品的威胁和同业竞争者的威胁。一种可行战略的提出首先应该包括确认并评价这五种力量，不同力量的特性和重要性因行业和企业的不同而变化。

①供应商的议价能力。供应商可以通过提价或者降低产品和服务的质量来影响企业。当供应商具有以下特征时，将处于强有力的议价地位：当供应者处于卖方市场，买家很多，而行业中的企业只购买供应商产品的一小部分，对供应商的影响比较小；供应者的行业是垄断行业，只由一家或少数几家企业控制，但是买主很多；供应商提供的产品或者服务没有替代品；供应商具有较强的深加工的能力甚至会与买方企业形成竞争。此时，供应商就会拥有强有力的议价能力，这就是我们俗称的"店大欺客"。

②购买者的议价能力。购买者往往通过压价、要求提高产品或服务的质量来使企业与竞争者相互倾轧，从而来影响行业中现有企业的盈利能力。当购买者具有以下特征时，将处于有利的议价地位：当市场处于买方市场，而同时与企业提供相同或相似产品和服务的卖方竞争企业很多；购买者需要购买的产品或服务的数量很多，占了卖方销售量很大的比例；购买者具有自己生产该产品的能力；购买者转向企业的竞争者的成本很低。这时，购买者就有强有力的议价能力，俗称"客大欺店"。

③潜在进入者的威胁。当一个行业拥有较高的利润水平和较低的进入障碍时，就容易出现潜在进入者，对现有企业构成威胁。潜在进入者在给行业带来新生产能力、新资源的同时，将希望在已被现有企业瓜分完毕的市场中赢得一席之地，这就有可能会与现有企业发生原材料与市场份额的竞争，最终导致行业中现有企业盈利水平降低，

严重的话还有可能危及现有企业的生存。

潜在进入者威胁的严重程度取决于两方面的因素，这就是进入新领域的障碍大小与预期现有企业对于进入者的反应情况。进入障碍主要包括规模经济、产品差异、资本需要、转换成本、销售渠道开拓、政府行为与政策、自然资源、地理环境等方面。预期现有企业对进入者的反应情况，主要是采取报复行动的可能性大小，取决于现有企业的财力情况、报复记录、固定资产规模、行业增长速度等。总之，新企业进入一个行业的可能性大小，取决于进入者主观估计进入所能带来的潜在利益、所需花费的代价与所要承担的风险这三者的相对大小情况。

④替代品的威胁。企业向市场上提供的产品和服务都在不同程度上受到替代品的威胁。这种威胁有时是直接的，有时是间接的，替代品的威胁取决于企业替代品的多少和在功能上的相似程度。替代品的威胁对企业来讲主要表现在价格上。替代品越多，与企业产品或服务相似度越高，对企业产品的价格或服务的影响就越大。

⑤同业竞争者的威胁。大部分行业中的企业，相互之间的利益都是紧密联系在一起的，作为企业整体战略一部分的各企业竞争战略，其目标都在于使得自己的企业获得相对于竞争对手的优势。所以，在实施中就必然会产生冲突与对抗现象，这些冲突与对抗就构成了现有企业之间的竞争，这类竞争者称为同业竞争者。

同业竞争者对企业的威胁常常表现在产品种类、产品质量、价格、营销手段、售后服务等方面，其对企业的威胁程度与竞争者的数量、资金实力对比、规模、知名度、美誉度、产品线的多寡等密切相关。如果某企业的行业竞争者数量众多，资金实力雄厚，知名度、美誉度高，产品种类多、质量好，销售渠道通畅，营销手段不断推陈出新，售后服务广受好评，那该企业同业竞争者的威胁很大，反之就很小。

行业中的每一个企业或多或少都必须应付以上五种力量构成的威胁。企业可以尽可能地将自身的经营与竞争力量隔绝开来，努力从自身利益需要出发影响行业竞争规则，先占领有利的市场地位再以发起进攻性竞争行动等手段来对付这五种竞争力量，以增强自己的市场地位与竞争实力。

（二）企业内部条件分析

分析企业内部条件，目的在于了解企业本身的情况，了解企业实现战略目标和克服外部环境中不利因素对企业所造成威胁的能力。一般来说，对企业内部条件的分析需要熟悉内部条件所包括的内容。

与企业的外部环境相比较，内部条件更容易控制。企业的内部条件是企业经营的基础，是制定战略的依据和出发点，是获取竞争的根本要素。企业的内部条件一般包括三个方面：企业结构、企业文化和企业资源。

1. 企业结构

企业结构是指企业的组织结构，它决定了企业内部的相互关系、信息沟通的形式和权力结构分配及企业运行的工作流程。不同的企业适合不同的结构形式，结构形式主要包括直线制、直线职能制、事业部制、矩阵结构、委员会结构和虚拟结构等类型。企业结构应该适合企业战略，合适的企业结构可以促进企业战略的实施。反之，如果企业结构与战略不相适应，它将会成为企业战略实施过程中的绊脚石，不利于企业战略目标的实现。

2. 企业文化

企业文化是企业在长期的发展中逐渐形成的，是企业成员共同接受的理想、信念、价值观和行为准则，外显于各种规章制度、行为准则，内隐于员工潜意识中。企业文化对企业的战略形成及实施具有重要的作用，世界上经营成功的企业都具有其独特的企业文化，这种独特的文化是这些企业具有创造力和保持其领先地位的源泉。创造和保持一种支持战略的企业文化对于成功实施战略是非常重要的，优良的企业文化可以形成一种努力达到业绩目标、积极参与战略行动的工作氛围，有利于战略目标的顺利达成。

3. 企业资源

企业资源包括企业的人力资源、财力资源、物质资源、技术资源、信息资源等多种因素，是企业战略要素的总和，是企业战略实力的综合体现。企业应该根据自身的资源来选择适合的战略类型。例如，企业资源丰富，就可以选择积极的发展型战略；反之，资源匮乏不足，则应该选择稳定型战略。

（三）企业战略环境分析方法

对企业战略环境进行分析最常用的方法是 SWOT 分析法。SWOT 分析法就是将企业的各种主要内部优势（Strengths）、劣势（Weaknesses）及外部环境中的机会（Opportunities）、威胁（Threats）通过调查罗列出来，并按照一定的次序按矩阵形式排列起来，然后运用系统分析的思想，把各种因素相互匹配起来加以分析，从中得出一系列相应的结论。SWOT 分析法的步骤依次是分析环境因素、构造 SWOT 矩阵和进行战略选择。

1. 分析环境因素

通过各种调查研究方法，分析出企业主要的优势、劣势、机会和威胁。

企业的优势是企业所擅长的、比竞争对手强的内部条件。例如企业的资金实力雄厚、规模大，产品种类比竞争对手多、知名度高、拥有一大批忠实的客户等。

企业的劣势是企业缺少的或者不擅长的、比竞争对手弱的内部条件。例如企业没有明确的战略方向，企业的产品质量不够好、售后服务水平较低等。

企业的机会是指对企业比较有利的外部环境。例如政府的支持、市场需求增长趋势强劲等。

企业的威胁是指对企业不利的外部环境因素。例如政局不稳、自然灾害发生、新竞争对手的增加、供应商和购买者的议价能力增强等。

2. 构造 SWOT 矩阵

将调查得出的各种因素按照重要性和影响力大小等排序方式，构造出 SWOT 矩阵。在这个过程中，将那些对企业发展产生长远的、直接的、重要的、迫切的因素优先排列出来，而将那些短暂的、间接的、次要的影响因素排在后面。

3. 进行战略选择

在完成环境因素分析和 SWOT 矩阵的构造后，便可以制订相应的行动计划。发挥优势、克服劣势、利用机会、化解威胁，利用系统分析法将排列的各种环境因素互相匹配起来加以组合，得出一系列企业未来发展可以选择的对策，构成 SWOT 战略选择如表 3 - 1 所示。SWOT 战略分析如图 3 - 1 所示。

表 3 - 1 　　　　　　　　　SWOT 战略选择

内部环境	优势（S）	劣势（W）
外部环境	机会（O）	威胁（T）

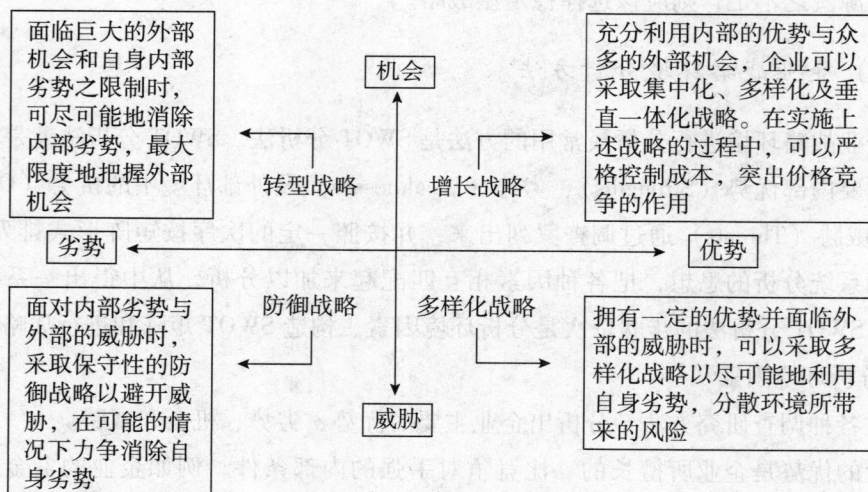

图 3 - 1 　SWOT 战略分析

结合企业的外部机会、威胁和内部优势、劣势，企业可以得出以下四种不同的战略。

（1）SO 战略：SO 战略是企业优势与机会的组合，是利用企业内部的长处去抓住外部机会的战略。这时企业拥有强大的内部优势和众多的增长机会，可以采取增长型战略。

（2）WO 战略：WO 战略是企业劣势与机会的组合。此时企业虽然拥有外部机会，但是缺少有利的内部条件。在这种情况下，企业可以采取扭转型战略，有效地利用企业的外部机会，尽快改善企业内部的不利条件。

（3）ST 战略：ST 战略是企业威胁与优势的组合。此时企业的外部环境不太理想，面临诸多威胁，但是拥有不错的内部条件。在此情况下，企业应该考虑多元化战略，利用自身优势在其他产品或市场上寻找发展机会；或者在自身优势非常明显，实力异常强大的情况下，也可以考虑采用一体化战略，前向或后向并购，利用规模优势克服环境带来的不利影响。

（4）WT 战略：WT 战略是企业威胁与劣势的组合，是一种最不利的情况。此时外部面临威胁，内部又存在缺陷，内外部都缺少有力的支持。在这种情况下，企业可以采取减少产品的紧缩战略，或是改变产品的放弃战略。

从战略制定的角度来看，一家企业的内部优势意义非凡，因为它们是企业战略的奠基石，是建立竞争优势的基础。如果一家企业没有明显的竞争优势来制定企业的战略，企业的管理人员必须采取积极的应对措施纠正企业的不足和劣势，增强其竞争优势，为战略制定创造良好的条件。

我们用 SWOT 分析法对内蒙古小肥羊餐饮连锁有限公司（以下简称小肥羊）进行战略环境分析。

1. 优势（Strengths）

（1）产品差异性。小肥羊的羊肉采用纯天然、无污染的内蒙古锡林浩特大草原的高纤维、低脂肪的六月龄乌珠穆沁的羔羊肉。这种羊肉入口滑嫩爽口，无羊臊味。另外，加工环节、屠宰环节有排酸工艺，羊肉排酸后，膻味就降低了。小肥羊的汤料锅底采用当归、枸杞、党参、草果、桂圆、白蔻等 60 多种滋补调味品精心配制，对身体有极好的滋补作用。

（2）产品质量标准化。小肥羊率先采用标准化原料统一加工，统一配料。小肥羊各地店铺除了蔬菜在当地采购，以达到保鲜要求外，原材料包括锅底料、羊肉，皆由包头总部统一配送，质量容易控制。

（3）服务标准化。小肥羊的服务标准化是依靠《运营手册》《服务手册》《操作手册》来规范的。服务体现在以下两个方面。

①餐饮服务标准化。即服务规范化和标准化，从设备、设施、用品，到服务程序和操作规程都要按照统一的要求和标准执行。

②餐饮服务超值化。例如，在饭店门口开辟顾客"等候区"，有报纸、沙发、茶水。让消费者感受到超出期望值、超越常规的全方位服务。以顾客为导向，提供最满意的产品和最满意的服务。

（4）品牌优势。成立11年的小肥羊，已经形成了良好的品牌优势。作为经营涮羊肉火锅的企业，消费者注重的是绿色标志和健康卫生。小肥羊从成立至今，获得"中国企业500强"等三十多项荣誉。

2. 劣势（Weaknesses）

（1）营销观念不足。小肥羊进行广告传播相对较少，它主要依靠的是通过遍布全国各地的加盟店，赢得消费者认可后吸引更多顾客。在广告宣传力度、社会公益事业等方面远远不够，尤其是缺乏电视媒体的广告宣传。

（2）加盟连锁管理尚待完善。小肥羊在2001年正式特许经营加盟以来，加盟店扩张速度过快，引起管理上的消化不良。当时的加盟条件也非常简单，完全依靠董事长的本人直觉。且总部对特许加盟店控制力不足，装修风格、综合服务、出品速度、环境舒适度、灯光照明度、店内使用的餐具等方面都没有完全统一，造成其各地形象不统一，财务预算监控不善，而在人员配备上容易出现成本过高的现象，同时原料的配送也产生了问题。

（3）人力资源管理缺乏。"人才缺乏和浪费"是小肥羊内部资料在谈到企业不足之处出现的频率最高的字眼，但是由于中国餐饮服务人才尤其是高端人才的匮乏是整个行业面临的普遍问题，人才供应不足一直都是影响小肥羊快速发展的关键因素。

3. 机会（Opportunities）

（1）火锅行业发展潜力巨大。火锅餐饮在中国有着良好的群众基础，也是一种容易被"众口难调"的中国人所接受的餐饮形式。所以无论是百年的东来顺，还是新军小肥羊都因为自己独特的产品创新而被消费者接受并追捧。

（2）上市融资渠道畅通。2006年小肥羊选择英国创业及私募投资机构和西班牙普凯基金进行合作，拿到2500万美元的资金。引入国际投行是为了加强国际化，引进先进管理经验和管理理念，同时收复直营店和实现全球化发展。

2008年6月，小肥羊正式登陆香港联交所主板，上市融资将会为小肥羊提供更高更广的平台，筹集更多资金，更有利于建立火锅王国。

（3）引进高级管理人员。小肥羊以原始股价格购买股票或者赠送股份的方式吸引了一批高层管理人才，为小肥羊的发展积攒了丰富的人力资源。

4. 威胁（Threats）

（1）西式快餐具备竞争优势。随着中国投资环境的日益宽松，国外大型餐饮公司以丰富的菜品和独特的文化进入中国，肯德基、麦当劳等快餐企业在中国迅速扩张，其他知名品牌企业如汉堡王、必胜客、吉野家、德克士、罗杰斯等世界快餐企业都已进入了中国市场。

（2）国内竞争日益激烈。众多老牌餐饮企业和新兴餐饮企业的发展壮大，也在逐渐加剧国内餐饮业的竞争。而火锅餐饮业已成为中国餐饮业最主要的组成部分，约占餐饮业营业额的1/3，品种繁多的火锅成为最活跃的餐饮业态。目前，草原兴发、小尾羊、谭鱼头、海底捞、奇火锅、三只耳、陶然居、重庆秦妈等火锅连锁店发展速度迅猛，加盟店和直营店数量不断增多。这些都是小肥羊要面对的严峻挑战。

（3）品牌危机。随着小肥羊的名气越来越大，假冒者也开始盯上了这块肥肉。国内外模仿小肥羊商标的餐饮企业层出不穷。作为"中国驰名商标"的小肥羊曾经与多家侵犯商标权的企业对簿公堂，但是利益为先的市场中，并没有出现杀一儆百的效果。

由此可见，小肥羊要将标准化和品牌优势继续完善和发挥，改善加盟店和人才管理，充分利用与国际投行合作和上市融资的机会，提升自身核心竞争力，最终战胜众多国内外竞争者，保持中餐霸主的地位。

小组讨论：

破产、总裁、战略的关系。

任务实施

实训背景：顺丰社区建实体店推虚拟购物 趟物流发展新路

2014年5月18日，快递大鳄顺丰速运旗下的518家网购服务便利店——"嘿客"在全国同时开张，仅青岛就占了12家。作为社区便利店，它提供商品线上购买、配送及水电缴费等服务等，采取O2O模式，为消费者提供虚拟网购服务。

20日，在逍遥二路上，记者找到了一家新开张的顺丰"嘿客"。与传统便利店不同的是，店内没有任何货架和商品实物，墙面悬挂的海报上印有各类商品的图片和价格，以及产品二维码，店内正中央的桌子上还有两台平板电脑。

导购介绍，店内提供的是虚拟商品购买服务。海报上展示的所有商品都可以通过扫描二维码或用店内平板电脑登录到电商网站在线下单购买。顺丰则提供快递配送服务。顺丰借"嘿客"进军O2O，是物流与便利店模式的一种结合。

在这里，已有社区居民体验了全新的购物模式。王先生19日在这里线上购买了两箱牛奶，20日中午就到货了。"这种牛奶是德国产的，给孩子喝。商场里卖得挺贵，在这买还有优惠，用顺丰速递也比较放心。"

这家"嘿客"目前可提供快递物流、虚拟购物、手机、琴岛通充值等。洗衣、家电维修等业务也将陆续展开。

线上卖着百货，线下自助取货。

对消费者而言，网上售卖的商品都可以进行实际体验。其中最典型的就是家电、生鲜、服装衣帽等高体验度商品类。而"嘿客"可提供预售、试穿等服务。也就是说消费者看中了什么产品，可采用预约服务，不必付钱。等产品到货后，消费者可以先试用、试穿、试戴，如果合适就付账带走，若不喜欢则无须承担任何费用，直接由"嘿客"将货物发回到供货商那里。

目前顺丰在全国开张的 518 家"嘿客"归属"试运营"系统，并不是最终版，其门店功能还将进一步完善。今后将上线 VTM（作为 ATM 功能的延伸，除了查询、存取款，还能办理办卡、销户、挂失、开具存款证明等银行柜面业务）设备进一步提升服务属性。

O2O，全称 Online To Offline，又被称为线上线下电子商务，区别于传统的 B2C、B2B、C2C 等电子商务模式。就是把线上的消费者带到现实的商店中去：在线支付线下商品、服务，再到线下去享受服务。通过打折、团购等方式，把线下商店的消息推送给互联网用户，从而将他们转换为线下客户。这样线下服务就可以用线上来揽客，消费者可以用线上来筛选服务，成交可以在线结算。

实训要求：根据案例介绍，用 SWOT 法分析顺丰的战略决策，各小组以 PPT 的形式展示结果。

⊕ 任务反馈

_____

_____

_____

任务二　企业战略选择

📝 试一试

2013 年某报道："滴滴打车与快的打车两大打车软件在武汉一个城市，短短三四个月，没有一分钱的盈利，总共起码烧掉了上百万元。"

这两家成立仅一两年的公司，却是"财大气粗"，现在是以"烧钱"为己任。其中，"嘀嘀打车"获得腾讯数千万美元的投资，"快的打车"则背靠阿里巴巴，获取的A轮战略级投资为400万美元。

两大打车软件为什么要在武汉疯狂烧钱？"嘀嘀打车"相关负责人明确表示："目前，嘀嘀打车最重要的就是抢占用户，培育市场，寻求合作，赚钱不是现在考虑的。""快的打车"相关负责人说，3年内不考虑赚钱，他们要在用户享受到基础服务的前提下，才去考虑如何通过增量服务赚钱，为此要付出的代价是痛苦的赔钱煎熬。两家的共识是：谁能熬到最后，才是胜出者。根据事实，分析两大打车软件公司的战略选择。

想一想

战略选择和哪些因素有关？

经典赏析

沃尔玛公司由美国零售业的传奇人物山姆·沃尔顿先生于1962年在阿肯色州成立。经过50多年的发展，沃尔玛公司已经成为美国最大的私人雇主和世界上最大的连锁零售商。截至2009年5月，沃尔玛在全球开设了超过7800家商场，员工总数200多万人，分布在全球16个国家。每周光临沃尔玛的顾客达1.76亿人次。

在世界知名的零售业巨头沃尔玛这家实力雄厚的大企业里，打印纸要求双面使用，做广告从来不请明星助阵，而是由员工或员工的孩子自己上阵。光是这两项，每年节省的资金就不下百万美元。省下来的资金用于让利销售，消费者得到了更多的实惠，公司的知名度也进一步提高；沃尔玛公司的名称充分体现了沃尔顿的节俭习性。美国人习惯上用创业者的姓氏为公司命名。沃尔玛本应叫"沃尔顿玛特"（Walton Mart），但沃尔顿在为公司定名时把制作霓虹灯、广告牌和电气照明的成本等全都计算了一遍，他认为省掉"TON"三个字母可以节约一笔钱，于是只保留了"WALMART"七个字母——它不仅是公司的名称，也是创业者节俭品德的象征。沃尔玛中国总店的管理者们对老沃尔顿的本意心领神会，他们没有把"WALMART"译成"沃尔玛特"，而是译成了"沃尔玛"。一字之省，足见精神。如果全世界4000多家沃尔玛连锁店全都节省一个字，那么整个沃尔玛公司在店名、广告、霓虹灯方面就会节约一笔不小的费用。

沃尔玛有一个规定，高级管理人员出差只许乘坐二等舱，住双人间，连沃尔顿本人也不例外。当公司总资产达到100亿美元时，他出差依然住中档饭店，与同行人员合住一个房间，只在廉价的家庭饭馆就餐，他还常常亲自驾驶货车把商品送往连锁店。相反，每当他看见其他公司的高级雇员出入豪华饭店，毫无顾忌地挥霍公司钱财时总是感到不安，他认为奢侈只会导致公司的衰败。正是由于沃尔顿自幼养成了节俭习惯，他才能在经营百货店时千方百计节省开支，降低成本，用一轮接一轮的价格战击败竞争对手，建立起庞大的连锁销售帝国。

评一评

1. 沃尔玛在全球的总体战略是什么？原因是什么？
2. 沃尔玛在全球的主要业务战略是什么？原因是什么？

相关知识

前面已经介绍过企业战略可以按层次分为企业总体战略、企业业务战略和企业的职能战略。因为本项目是以企业的整体经营活动作为研究对象的，所以在此详细介绍企业总体战略选择和企业业务战略选择。

一、企业总体战略选择

根据企业面临的外部环境和内部条件，企业的总体战略包括发展型战略、稳定型战略和收缩型战略。

1. 发展型战略

发展型战略也称扩张型战略，是以发展壮大企业为基本导向，致力于使企业在产销规模、资产和利润或新产品开发等方面获得增长的总体战略。发展型战略主要包括三种基本类型：密集型战略、一体化战略和多元化战略。

（1）密集型战略。密集型战略也称加强型战略，指企业在原有的生产范围内，充分利用在产品和市场方面的潜力来求得发展的战略。该战略主要包括三种战略态势：市场渗透、市场开发和产品开发。

①市场渗透战略是指利用现有产品在现有市场中销售，它的主要目标是通过各种方法来提高现有市场中的消费者对现有产品的使用频率或者在现有市场上吸引和争取更多顾客。市场渗透主要包括两方面内容：扩大产品使用人的数量和扩大产品使用人的频率。扩大产品使用人的数量往往通过刺激现有顾客更多地购买本企业的现有产品，或者把竞争对手的顾客吸引过来，以及激发潜在顾客的购买动机等方式来提高现有产品的市场占有率。扩大产品使用人的频率主要是通过劝说消费者增加使用次数和增加每次的使用量或者让消费者相信产品具有其他新功能而促使他们更多地购买本企业的这种产品。

案例：

美国有一家生产牙膏的公司，产品优良，包装精美，深受广大消费者的喜爱，营业额蒸蒸日上。

记录显示，前十年每年的营业增长率为 10%～20%，令董事部雀跃万分。不过，业绩进入第十一年、第十二年及第十三年时，则停滞下来，每个月维持同样的数字。

董事部对此三年业绩表现感到不满，便召开全国经理级高层会议，以商讨对策。

会议中，有名年轻经理站起来，对董事部说："我手中有张纸，纸里有个建议，若您要使用我的建议，必须另付我 5 万美元！"

总裁听了很生气说："我每个月都支付你薪水，另有分红、奖励，现在叫你来开会讨论，你还要另外要求 5 万美元，是否过分？"

"总裁先生，请别误会。若我的建议行不通，您可以将它丢弃，一毛钱也不必付。"年轻的经理解释说。

"好！"总裁接过那张纸后，阅毕，马上签了一张 5 万美元支票给那名年轻经理。那张纸上只写了一句话：将现有的牙膏开口扩大 1 毫米。总裁马上下令更换新的包装。

试想，每天早上，每个消费者多用 1 毫米的牙膏，每天牙膏的消费量将多出多少倍呢？这个决定使该公司第十四年的营业额增加了 32%。

②市场开发战略是利用现有产品在新市场中销售的策略。其主要方式是扩大产品的销售区域，甚至是进入国际市场。

③产品开发战略是在现有市场中销售新产品，以满足不同消费者需求的策略。实施这种策略的重点是改进产品设计，同时也要开展以产品特色为主要内容的销售宣传活动。

（2）一体化战略。一体化战略也称企业整合战略，是指企业充分利用自己在产品、技术、市场等方面的优势，将相互联系密切的经营活动纳入企业体系中，组成一个统一的经济组织进行全盘调控和调配，以谋求共同发展的战略。根据企业扩展经营活动的方向不同，可以将一体化战略分为三种：纵向一体化战略、横向一体化战略和混合一体化战略。

①纵向一体化战略。纵向一体化战略是指企业根据物质流动的方向，利用自身的产品、技术、市场等方面的优势，整合其他企业的资源，不断向深度发展的战略。纵向一体化战略可以分为：前向一体化战略和后向一体化战略。此处的"前"和"后"是相对市场距离而言的。

前向一体化战略是企业通过一定的形式对下游的产品加工或者销售单位取得控制

权或拥有所有权，从而达到拥有和控制其分销系统，实行产销一体化目的的战略。

后向一体化战略是企业依靠自身优势，对上游原材料或零部件供应商取得控制或拥有权。最终表现为自己生产原材料或零部件或者通过兼并供应商成为自己的一分子，达到扩大经营范围的目的的战略。

②横向一体化战略。横向一体化战略又称水平一体化战略，是企业利用自身优势对竞争对手进行收购、兼并和重组，形成统一的经济组织，从而达到降低交易成本、提高经济效益的战略。

③混合一体化战略。混合一体化战略是纵向一体化战略和横向一体化战略的综合使用，是指处于不同行业、不同市场且相互之间没有特别的生产技术联系的企业之间的联合。

（3）多元化战略。多元化战略又称多角化战略和多样化战略，是指一个企业同时在两个或两个以上行业中进行经营。多元化战略是由战略学家安索夫在20世纪50年代提出的，包括相关多元化战略和非相关多元化战略两种方式。

①相关多元化战略。相关多元化战略又称关联多元化战略或同心多元化战略，是指企业进入与现有产品和服务在技术或市场等方面有关联性的经营领域，进而实施企业规模扩张的战略。

企业实现相关多元化的方法是多样的，包括企业转入密切相关产品的经营；建立在企业现有技术基础上相关多元化经营；寻找提高工厂设备使用率的途径实现多元化经营；建立在企业已有商标牌号和信誉基础上的多元化经营等。

②非相关多元化战略。非相关多元化战略又称无关多元化战略或集团多元化战略，是指企业进入与现有产品和服务在技术、市场等方面没有任何关联的新行业或新领域的战略。

2. 稳定型战略

稳定型战略又称维持型战略，是企业在经营方向上没有重大改变，在业务领域、市场地位和产销规模等方面基本保持现有状况，以安全经营为宗旨的战略。稳定型战略有利于降低企业实施新战略的经营风险，减少资源重新配置的成本，为企业创造一个加强内部管理和调整生产经营秩序的休整期，并有助于防止企业发展过快。

根据战略目的和资源配置方式的不同，稳定型战略可以进一步细分为无变化战略、维持利润战略、暂停战略和谨慎实施战略。

（1）无变化战略。无变化战略是指不实行任何新举动的战略，这种战略适合于外部环境没有重大变化且本身过去经营非常成功，一直以来具有合理盈利和稳定市场地位的企业。

（2）维持利润战略。维持利润战略是指为了维持企业现有的利润水平而牺牲企业未来成长的战略。这是一种注重短期效果而忽略长期利益的战略，主要目的是为了渡过暂时性的难关，一般在企业面临不利的外部环境时使用。该战略主要采取减少投资、压缩可控费用（如研发费用、广告费用等）等方式来维持利润。这种战略只适合企业在面对困境时暂时使用，不可长期使用，否则会影响企业长远的发展。

（3）暂停战略。当企业在一段较长时间快速发展后，有可能会效率下降，此时可采取暂停战略。暂停战略即休养生息，是指企业在一定时期内降低企业目标和发展速度，重新调整企业内部各要素，实现资源的优化配置的战略方式。

（4）谨慎实施战略。如果企业外部环境中的某一重要因素变化趋势不明显，又难以预测，则需要放缓相应的战略方案的实施进度，根据情况的变化实施或调整战略规划和步骤。

3. 收缩型战略

收缩型战略也称撤退型战略，是指企业因经营状况恶化而采取的缩小生产规模或取消某些业务的战略。按照实现收缩的目标，可以将收缩型战略分为三种类型：扭转战略、剥离战略和清算战略。

（1）扭转战略。扭转战略是企业采取缩小产销规模、削减成本费用、重组等方式来扭转销售和盈利下降趋势的战略。扭转战略对企业整合资源、改进内部工作效率，加强独特竞争力有重要意义。

（2）剥离战略。剥离战略是指企业停止或出售一个或几个经营部分的战略行为。这个部分可以是一个经营单位、一条生产线或者一个事业部。实施剥离战略的目的是使企业摆脱那些缺乏竞争优势、失去吸引力、不盈利、占有资金过多或与企业其他活动不相应的业务，以此来优化资源配置，使企业集中精力致力于优势领域。

（3）清算战略。清算战略是指企业将全部资产出售，停止企业经营的战略。清算战略对任何企业而言都不是一个首选的战略，往往是在其他战略失败的情况下才使用。尽管所有的管理者都不愿意使用清算，但是在企业毫无希望，继续经营会导致更大损失的情况下，及时清算是一种相对比较好的战略选择。

成长型战略、稳定型战略和收缩型战略作为企业的总体战略，它们不仅可以单独使用，也可以组合使用。因为对很多大企业来说，他们一般拥有多个业务单位。这些业务单位面临的外部环境和所需要的内部条件都不完全相同，完全可以因地制宜、因时制宜地采用不同的总体战略。

二、企业业务战略选择

企业的业务战略也称竞争战略。竞争战略是指在给定的一个业务或行业内，企业如何营造、获得竞争优势的途径或方法。企业的业务战略主要包括成本领先战略、差异化战略和集中战略。

1. 成本领先战略

成本领先战略又称低成本战略，即企业的全部成本低于竞争对手的成本，甚至是同行业中最低的成本。成本领先战略的核心是企业加强内部成本控制，将成本降到同行业中最低，从而获得竞争优势。

（1）成本领先战略的适用范围。成本领先战略适用于市场占有率较高、成本和费用控制较好、达到规模经济的企业。

（2）实施成本领先战略的途径。成本领先战略是使用最为普遍的战略，许多企业在获取竞争优势上都力图从成本入手，在成本领先方面积累了不少经验，主要有以下获取途径。

①规模效应。在合理的规模经济适用范围内，企业通过扩大活动规模使固定成本能在更多的产品上进行分摊，使单位平均成本降低。

②技术优势。技术优势来自对传统技术的更新和新技术的研发。一旦企业获得技术优势，生产效率提高，生产成本将得以降低。

③企业资源整合。企业可以通过资源整合来提高资源的共享性，减少资源浪费从而获得协同效应。但是需要注意的是，成本领先战略必须建立在保障产品或服务质量的前提下，否则成本降低所带来的产品或服务质量的下降最终会导致消费者强烈不满而致使企业名誉受损，得不偿失。

④与价值链的联系。每个企业的业务都是某一产业价值链条上的一个环节，通过加强与价值链上各成员之间的联系，找到共同的利益解决方案，才能提高自己的业务活动效益。

2. 差异化战略

差异化战略是指通过提供与其他竞争对手不同的产品和服务来满足顾客的特殊需求，从而形成一种独特的竞争优势的战略。差异化战略的核心是创造某种对顾客有价值的独特性。

（1）差异化战略的适用范围。差异化战略不是每个企业都适用的，只有满足下列条件的企业，使用差异化战略才能促进企业发展。

①企业具有很强的研发能力且研发人员数量众多，对市场把握准确且能及时了解客户需求。

②企业在产品或服务上具有领先的声望，具有较高的知名度和美誉度。

③企业具备较强的市场营销能力，灵活使用并创新营销手段。

④企业的研发部门与市场营销部门等职能部门之间存在很强的协调性。

（2）实现差异化战略的途径。实现差异化战略主要依靠下列途径。

①通过产品质量的不同实现差异化战略。即企业向市场提供竞争对手无法比拟的高质量产品以吸引目标顾客。由于产品质量上乘，能产生较高的市场价值，进而可以获得较高的市场利润。

②通过产品创新实现产品差异化战略。企业的研发部门根据消费者的需求研发新的产品，使新产品具有竞争产品没有而消费者又特别喜欢的功能，获得竞争优势。

③通过服务不同实现产品差异化战略。服务差异化是市场竞争的重要战略。以质取胜，以服务取胜，是世界优秀企业的一贯战略。企业在实施差异化战略时应该注意：企业在产品、服务上创造的差异化必须是有一定数量的消费者关注和感兴趣的，差异化是以顾客需求为前提条件，不能盲目追求差异；企业实施差异化是需要投入大量成本的，在实施差异化时应该考虑成本和收益之间的关系。

案例：

海底捞火锅的服务差异化战略

北京的火锅店众多，竞争相当激烈。来自四川资阳的海底捞火锅独树一帜，以高质量的服务在京城火锅市场中占据了一席之地。海底捞火锅的高质量服务体现在就餐前、就餐中和就餐后的各个环节当中。

1. 就餐前的全面考虑

（1）泊车时的便利性。海底捞店前有专门的泊车服务生，他们主动代客泊车，车辆停放妥当后会将钥匙交给客人；等到客人结账时，泊车服务生会主动询问"是否需要帮忙提车"。如果客人需要，服务生会立即提车到店门前，客人只需要在店前稍作等待。若顾客选择在周一到周五中午用餐，海底捞还会提供免费擦车服务。按照网友的话说，"泊车小弟的笑容很温暖，完全不以车型来决定笑容的真诚与温暖程度"。

（2）让等待充满快乐。就餐排队是顾客极其厌烦的，传统的等待是在椅子上干坐着，稍微好点的店能够奉上一杯水或者瓜子、西瓜。海底捞却反其道而行之，通过一系列创新性举措，让原本怨声载道的苦闷等待成了一种快乐等待。当顾客在海底捞等候区等候时，大屏幕上不断打出最新的座位信息，服务人员会立即送上西瓜、橙子、苹果、花生、炸虾片等各式小吃，还有豆浆、柠檬水、薄荷水等饮料（均为无限量免费提供）。此外，顾客还可以在等候区打牌、下棋和免费上网冲浪，女士还可以享受免费修剪指甲，男士则可以免费擦皮鞋等。这样，原本枯燥无味的等待时间就在吃喝玩乐中度过了。排队等位已成为海底捞吸引顾客的特色和招牌之一。

2. 就餐中的细节关怀

从点菜、上洗手间、结账离开等全部流程的各个环节，海底捞处处体现了对服务的重视和对顾客的关怀。

（1）为客人节约的点菜服务。如果客人所点菜量已经超过了可食用量，服务员会及时提醒客人。此外，服务员还会主动提醒顾客，各式食材都可以点半份，这样同样的价钱可以享受平常两倍的菜品。

（2）及时到位的席间服务。海底捞保证每桌至少有一个服务员，所有服务员不管什么时候看到顾客都会恭敬地问候；服务员在席间会主动为客人更换热毛巾，次数至少在两次以上；服务员会给长头发的女士提供橡皮筋箍头、小发夹等夹住前刘海，给带手机的朋友提供小塑料袋子装手机以防进水；若有戴眼镜的顾客需要擦镜布，服务员还会为其免费赠送擦镜布。为每位就餐者提供围裙更是海底捞中一道亮丽的风景线，男女老少穿着同样颜色的围裙端坐一桌，阵势相当宏伟。穿围裙一是可以避免美味不小心溅到顾客的衣服上，二是可以部分拦截火锅的味道，以免顾客衣服上散布着火锅的气味。

（3）暂时充当孩子保姆。带孩子上餐馆经常是父母的两难，有时淘气的孩子会破坏就餐的氛围，让原本美味的食物变得索然无味。为此，海底捞实施了两项创新举措：一是创建了儿童天地，让孩子们在那里尽情玩耍，使父母可以全身心投入品尝美味之中；二是服务员可以免费带孩子玩耍，还可以帮助给年龄较小的孩子喂饭，让父母安心吃饭。

（4）星级酒店般的卫生间服务。海底捞的卫生间环境优良、卫生干净，而且配备了一名专职人员为顾客洗手后递上纸巾，以便顾客能够擦干湿手。

（5）精彩的拉面表演。海底捞针对每位点了拉面的顾客，推出了精彩的拉面表演项目，即让一名受过专业培训的员工用各种舞蹈动作当着顾客把面拉好并下到锅里，这使顾客在享受美味之余，还欣赏到为自己准备的拉面表演。

3. 就餐后的小恩惠

一般的餐馆吃完饭后只会送上一个果盘，但在海底捞，若顾客向服务员提出再给一个果盘的要求，服务员会面带笑容地说没问题，并立即从冰柜里拿出果盘奉送给顾客。服务员有时候还会给顾客奉送一到两小袋豆子和口香糖。虽然这些小恩惠不值多少钱，却使顾客感到满意、欣喜和感动，在顾客心里种下"下次还来"和"告诉朋友"的种子。

正是通过以上高质量的服务，海底捞树立了其服务差异化的品牌，顾客回头率很高。现在顾客想在海底捞吃一顿晚饭，要提前2~3天订座，若需要包厢，则订座时间还要提前两周。

3. 集中战略

集中战略又称专一化战略，是指企业把经营活动集中于某一特定的购买群、产品线的某一部分或者是某一地区市场上的战略。与成本领先战略和差异化战略不同的是，企业不是围绕整个产业，而是面向某一特定的目标市场展开生产经营与服务活动，以期待比竞争对手更有效地为特定的目标顾客服务。

（1）集中战略适用的范围。

①企业资源和能力有限，不足以追求广泛的市场目标。

②在行业中有特殊需要的顾客存在，或在某一地区有特殊需要的顾客存在。

③目标市场的竞争对手还没有采取同一目标。

（2）实现集中战略的途径。

①通过选择产品系列实现集中战略。对于产品开发和工艺装备成本偏高的行业而言，选择所有的产品线是不可能的，企业只能选择一个或几个比较擅长的产品系列作为经营重点，为企业的持续发展奠定基础。

②通过细分市场选择重点地区或消费者实现集中战略。不同地区或特征的消费者在文化习俗、购买习惯等方面的差异使得同一产品不能满足所有消费者的需求，但是企业的资金实力限制企业没有精力去满足所有消费者的差异化需求。因此，企业可以通过选择重点地区或重点消费者的方法来实现重点经营，也能获得竞争优势。

由此不难看出，集中战略一般是中小企业采用。因为中小企业的资金实力比较有限，要以所有的消费者为目标顾客不太现实，反倒是以某一个或几个目标群体为顾客，可以集中优势力量开展经营活动，更好地满足目标顾客的需求。

小组讨论：

请在网上收集内蒙古小肥羊餐饮连锁有限公司（简称小肥羊）的相关资料，对其进行战略环境分析。

任务三　企业并购与重组

试一试

尝试自己企划一个企业的组织机构。

想一想

企业的兼并、收购、重组有什么区别？

经典赏析

上海家化"终嫁"平安 百年品牌焕发新生

上海家化 11 月 7 日晚间公告称，上海家化联合股份有限公司接到上海市国有资产监督管理委员会通知：2011 年 11 月 7 日，上海联合产权交易所发布上海家化（集团）有限公司 100% 股权转让竞价结果通知，上海平浦投资有限公司为上海家化（集团）有限公司 100% 股权受让人。

上海家化前身系上海家化有限公司，2001 年 3 月在上证所上市，成为国内化妆品行业首家上市企业，目前国内化妆品市场被欧莱雅、宝洁等洋品牌雄霸天下，上海家化占国内化妆品的市场份额仅为 1.5%，公司拥有六神、美加净等普通大众耳熟能详的老品牌。

受让方上海平浦投资有限公司实际上是平安信托旗下平安创新资本全资子公司。据报道，平安方面人士透露，平安信托计划以家化集团为基础，推动日化主业之外的时尚产业，包括高端表业、精品酒店及旅游地产开发等。并且平安信托承诺未来 5 年追加 70 亿元投资，并将把其中的 50 亿元都投向家化集团的时尚产业方面。这一想法与上海家化的改制目标及未来发展方向非常贴合，此前上海家化集团上报给上海市政府的改制方案中，"定位为一家综合性时尚产业集团，不光做化妆品与日化品，还将涉及手表、珠宝、时装及精品酒店"的发展目标被作为重点解读。

2010 年 12 月以来，平安保险、中投公司、淡马锡、复星集团、海航集团、中信资本、鼎晖、红杉、弘毅等多家公司均有意出价竞购，最终竞夺在海航与平安两家展开。

评一评

并购是一种资源的获取。

相关知识

一、并购的内涵与动因

（一）并购的内涵

并购的内涵非常广泛，一般是指兼并（Merger）和收购（Acquisition）。并购的实质是在企业控制权运动过程中，各权利主体依据企业产权作出的制度安排而进行的一种权利让渡行为。并购活动是在一定的财产权利制度和企业制度条件下进行的，在并购过程中，某一或某一部分权利主体通过出让所拥有的对企业的控制权而获得相应的受益，另一个部分权利主体则通过付出一定代价而获取这部分控制权。企业并购的过程实质上是企业权利主体不断变换的过程。

（二）并购的动因

（1）扩大生产经营规模，降低成本费用。

（2）提高市场份额，提升行业战略地位。

（3）取得充足廉价的生产原料和劳动力，增强企业的竞争力。

（4）实施品牌经营战略，提高企业的知名度，以获取超额利润。

（5）为实现公司发展的战略，通过并购取得先进的生产技术、管理经验、经营网络、专业人才等各类资源。

（6）通过收购跨入新的行业，实施多元化战略，分散投资风险。

二、并购的一般程序

一般来说，企业并购都要经过前期准备阶段、方案设计阶段、谈判签约阶段和接管与整合阶段。

（一）前期准备阶段

企业根据发展战略的要求制定并购策略，初步勾画出拟并购的目标企业的轮廓，如所属行业、资产规模、生产能力、技术水平、市场占有率等，据此进行目标企业的市场搜寻，捕捉并购对象，并对可供选择的目标企业进行初步的比较。

（二）方案设计阶段

方案设计阶段就是根据评价结果、限定条件（最高支付成本、支付方式等）及目标企业意图，对各种资料进行深入分析，统筹考虑，设计出数种并购方案，包括并购范围（资产、债务、契约、客户等）、并购程序、支付成本、支付方式、融资方式、税务安排、会计处理等。

（三）谈判签约阶段

通过分析、甄选、修改并购方案，最后确定具体可行的并购方案。并购方案确定后并以此为核心内容制成收购建议书或意向书，作为与对方谈判的基础；若并购方案设计将买卖双方利益拉得很近，则双方可能进入谈判签约阶段；反之，若并购方案设计远离对方要求，则会被拒绝，并购活动又重新回到起点。

（四）接管与整合阶段

双方签约后，进行接管并在业务、人员、技术等方面对目标企业进行整合。并购后的整合是并购程序的最后环节，也是决定并购是否成功的重要环节。

但也诚如老子所言"福兮祸所伏"，我们也要考虑到在低价的"馅饼"之后，还隐藏着更多的"陷阱"需要关注。中信证券企业并购部执行总经理宋文雷认为，收购的隐性成本往往被忽视。以往经验证明，收购后的整合成本有时会比收购时的价格更贵，此外，一些不可预见的费用、机会成本也是必须重视的。

阿里巴巴集团董事局主席马云日前在接受媒体采访时表示："中小企业要手持现金，不要贪小财，该破产的公司就让它破产，不要看见破产是并购的机会就出手，可能会因小失大。一旦危机过去，被并购的公司会因为你趁着危机并购而出现分歧。公司并购，产品融合只是其中价值的一小部分，发展战略的共识、团队的融合，企业文化的互相碰撞才能为公司发展带来更大的价值，这种价值才是真正'1 + 1 > 2'的体现。"

但是，并购重组又是一项复杂而专业性很强的工作，涉及的工作内容方方面面，单靠企业自身往往难以圆满完成。因此，企业在有初步并购打算后，应聘请律师、注册会计师、评估师、投资银行部门等熟悉国家产业政策并具备资本运营实际操作经验的专家和机构，制定切实可行的并购方案，做好尽职调查和风险防范工作，保障企业并购工作的顺利进行。

任务四　企业使命与战略目标

试一试

选择一个组织进行 SWOT 分析，并作课堂报告（PPT）。

想一想

1. 企业使命的战略作用是什么？
2. 企业使命与企业文化建设有什么样的关系？

3. 企业哲学与企业伦理和企业社会责任的关系？

4. 企业外部环境、企业内部条件和能力、战略、战略目标之间有何种互动关系？

5. 分析一个具体企业的战略目标构成及按重要程度而做出的排序。

6. 战略目标、短期战术目标、日常目标、个人目标之间的关系如何？

经典赏析

松下电器公司经营哲学

1. 纲领

作为工业组织的一个成员，努力改善和提高人们的社会生活水平，要使家用电器像"自来水"那样廉价和充足。

2. 基本原则

（1）通过公司和顾客之间的互利来增长。

（2）获利是对社会做贡献的结果。

（3）在市场上公平竞争。

（4）公司和供应商、经销商、股东之间互利。

（5）全体雇员参与经营。

3. 内部行为精神

（1）松下为整个产业服务。

（2）公平和忠诚。

（3）和谐和协作。

（4）为改善而奋斗。

（5）礼貌和谦让。

（6）适应和吸收。

（7）谢意。

评一评

尝试为你所在组织描述其使命。

相关知识

一、企业使命

无论是对于一个刚刚创立的企业，还是对一个已经确立起来的历史久远的、有多种经营业务的联合公司来说，在制定企业战略之前首先应弄清企业应负担什么样的社会责任，是一个什么性质的企业，它应从事什么事业，总之要弄清企业的使命。

企业使命的内涵与地位：所谓企业使命，就是企业在社会进步和社会、经济发展中所应担当的角色和责任。企业在制订战略之前，必须先确定企业的使命。这是因为企业使命的确定过程常常会从总体上引起企业发展方向、发展道路的改变，使企业发生战略性的变化。此外，确定企业使命也是制定企业战略目标的前提，是战略方案制定和选择的依据，是企业分配企业资源的基础。一般来说，一个企业的使命包括两个方面的内容，即企业哲学和企业宗旨。

（一）企业哲学

定义：所谓企业哲学是指一个企业为其经营活动或方式所确立的价值观、态度、信念和行为准则，是企业在社会活动及经营过程中起何种作用或如何起这种作用的一个抽象反映。

作用：国际商用机器公司前董事长华森的观点："一个伟大的组织能够长久生存下来，最主要的条件并非结构形式或管理技能，而是我们称之为信念的那种精神力量，以及这种信念对于组织的全体成员所具有的感召力。我坚信，任何组织若想生存下去并取得成功，它就必须首先建立起一系列牢固的信念，这是一切经营决策和行动的前提。其次，必须始终如一地坚持这些信念，相信它们是正确的。最后，一个组织或企业在自己的整个寿命期内必须随时准备改变自身，以应付环境变化的挑战，但它的信念却不应当改变。换言之，一个组织与其他组织相比取得何等成就，主要取决于它的基本哲学、精神和内在动力。这些比技术水平、经济资源、组织结构、革新和选择时机等重要得多。"

内涵：企业哲学的主要内容通常由处理企业经营过程中各种关系的指导思想、基本观点和行为准则所构成。如关于企业（跨国公司）与所在国关系的观点，关于企业与社会和国家关系的观点，关于企业与外部关系（顾客、竞争对手、供应商、销售商等）的观点，关于企业与雇员关系的观点，以及关于企业内部工作关系的观点等。

（二）企业宗旨

定义：所谓企业宗旨是指企业现在和将来应从事什么样的事业活动，以及应成为什么性质的企业或组织类型。

案例：

美国艾维斯汽车租赁公司将其宗旨表述为：我们希望成为汽车租赁业中发展最快、利润最多的公司。这一宗旨规定着艾维斯公司的经营业务，它排除了该公司开设汽车旅馆、航空线和旅行社业务的考虑。美国电话电报公司（AT&T）对它的企业宗旨也给予了明确的陈述。

（1）加强和提高公司核心业务的盈利性和市场地位。核心业务包括以下几项。

①国内长途电话服务。

②为运营公司设计、制造和销售电信网络设备。

③设计、制造和销售以顾客为前提的电信设备，这包括信息系统中的独立计算机和部件计算机。

（2）以 AT&T 的优势和信誉为我们的客户创新出新一代数字网络技术。

（3）在信息移动和信息管理的国际市场中建立起一个主要的市场地位。为达此目的，我们将积极寻求在信息工业中业已建立起来的海外合作伙伴。

企业高层管理人员在确定企业宗旨时应避免的倾向：一种倾向是将企业宗旨确定得过于狭隘；另一种倾向是过于空泛。狭隘的企业宗旨束缚管理人员的经营思路，可能丧失许多可以发展的机会。

一个生产洗衣机的企业，如果将自己的宗旨只定义在清洗衣物上，则不可能去开发其他相关联的家电产品，这未免太过于狭窄了。相反，如果一个香港的出版商将自己的宗旨确定为亚洲语言交流公司的话，则显得对企业方向的决策没有什么实际意义，因为这样的宗旨远远超出了企业的实际业务范围和能力。表 3-2 列出了几例过于狭窄的企业宗旨和比较宽广但合适的宗旨。

表 3-2　　　　　　　　狭隘的与合适的企业宗旨定义的比较

公　司	狭隘的宗旨	合适的宗旨
化妆品公司	我们生产化妆品	我们出售希望和美丽
复印机公司	我们生产复印机	我们帮助改进办公效率
化肥厂	我们出售化肥	我们帮助提高农业生产力

公　司	狭隘的宗旨	合适的宗旨
石油公司	我们出售石油	我们提供能源
电影厂	我们生产电影	我们经营娱乐
空调器厂	我们生产空调器	我们为家庭和工作地点提供舒适的气候

作用：明确企业宗旨的作用就在于，如果没有具体的宗旨，就不可能制定出清晰的战略目标和达成目标的战略。一个企业的宗旨不仅要在创业之初加以明确，而且在遇到困难或企业繁荣之时，也必须经常地再予以确立。

注意的问题：①一般来说，一个企业的哲学应保持稳定，然而企业宗旨应定期进行分析，以决定它是否需要改变。因为竞争地位、高级管理层、新技术、资源的供给和消耗，市场人口统计特征、政府法规及消费者需求等方面的变化，都会导致企业宗旨的改变。②确定企业宗旨必须看企业与顾客的关系。在此方面，杜拉克（P. Drucker）在其《管理：任务、责任和实践》一书中认为，为了了解一个企业，必须首先知道它的宗旨，而宗旨是存在于企业自身之外的。因为企业是社会的一个细胞，其宗旨必定存在于社会之中。企业的宗旨只有一个定义，那就是创造顾客。

如何确定一个企业的宗旨涉及两个问题：一是我们现在的企业是什么，即分析现在的顾客；二是我们的企业将来应该是什么，即要分析和确定潜在的顾客。

（1）企业是什么的分析。分析的目的是明确企业现在所从事的活动，是什么性质的企业，以及在企业性质不变的情况下，企业的事业能有什么发展。要弄清上述事项，需要回答下列问题：①谁是顾客？顾客分布于何处？顾客为何来购买？如何去接近顾客？②顾客购买什么？③顾客的价值观是什么？即顾客购买商品时期望得到什么？

（2）企业应该是什么的分析。分析的目的在于了解有哪些新机会，以及可以创造些什么机会，以便明确企业的事业应如何改变。它一般对下列问题进行分析和回答：①市场发展趋势及市场潜力如何？②目前顾客的哪些需求还不能靠现有产品和服务得到充分满足？③随着经济的发展，消费风尚的改变或竞争力量的推动，市场结构会发生什么样的变化？④何种革新将改变顾客的购买习惯？⑤企业的经营业务是否适当？是否应根据外部环境的变化来改变其经营业务？

（三）决定企业使命的因素

在确定企业使命时，必须充分、全面地考虑到与企业有利害关系的各方面的要求和期望。它们既可以是一些组织团体也可能以个人身份出现。这些利害关系者一般可被分为两大类：一类是企业内部的要求者，即股东和雇员；另一类是企业外部要求者，他们不属于企业内部人员，但将受到企业作为产品生产者和销售者所开展的一些活动的影响。企业外部要求者通常包括顾客、供应商、政府、竞争者、当地社区和普通公众。

（1）股东。参与利润分配、清算资产分配时的分配，有配股权、选举权，可以检查公司账目、进行股票的转换、选择董事等。

（2）雇员。要求在就业中获取经济上、社会上和心理上的满足感，满意的工作条件，分享利益，通过劳动合同提供服务的人身自由：不遭受公司主管人员的独断领导和怪异行为影响的自由等。

（3）顾客。要求提供与产品本身有联系的各种服务，提供使用产品的技术资料，合适的保证，供应零配件，改进产品性能，提供商业信贷等。

（4）供应商。要求建立长期客户关系，及时履行信贷义务，签约、购买及验收过程中的专业作风等。

（5）竞争者。要求对手遵守社会和行业的竞争规则和规范，具有商业政治家的风格。

（6）政府。要求企业及时纳税，开展公平竞争，遵守用以指导公平和自由竞争的公共政策，履行企业义务，遵守反垄断法律。

（7）当地社区。要求企业成为社区中提供良性就业和规律性就业的好组织，企业应参与社会事务，热心并支持地区政府，支持文化和慈善事业，适量购买本地产品。

（8）普通公众。要求企业参与社会并为社会做贡献，承担政府和社会负担的合理部分，合理而公平的产品价格，发展高新技术。

（四）策划使命的一般步骤

1. 确定谁来撰写使命陈述

这究竟是个人的任务还是集体的努力？考虑吸收公司每个部门的代表组成一个委员会的好处。这样，每人都会觉得对使命的创建有所贡献，从而更加认可其内容和精神意旨。

2. 明确陈述什么时候完成

在工作时间或晚间加班时间？用一个周末搞定？在办公室和会议室这样干扰较少的地方？你打算花多少时间呢？仅仅一个下午或晚上？一个周末？一个月？半年？一年？定好一个截至日期，然后按时完成。

3. 锁定目标受众

是你公司的雇员？你的顾客？你的供货商？你的股东？还是普通大众？你必须在知道要说什么之前明确谁是你的听众。

4. 选择恰当的用语

从列举一些适合描述你的行业的关键词和短语入手。邀请一些人与你一起反复讨论，倾听各种意见，写下脑中闪现的词和短语，同时参照上述准备好的关键词表。

5. 采用一种形式

使命陈述会放在年度报告中被目标受众读到吗？需要精美地印刷在高级纸张上、设计得便于装帧和分发吗？印成一个宣传册？印在钱包大小的卡片上？嵌进镇纸中？印在公司年历或咖啡杯上？印刷在 T 恤上？纹在条幅上？刻在花岗岩上？贴在前门上？

如果你以你正式的使命陈述为荣，你会希望用多种不同方式将这一能够反映你公司独特文化的信息传递出去。

正如大多数任务一样，把整个过程分成小步骤可以使其更容易一些。而最终只要始终着眼于公司的目标，你也同样能够做到要卓有成效和丰富多彩。

考虑你的公司在业务拓展方面取得成绩的各种手段和方法，确定扩大利润的战略。你现在已经迈上使命陈述的成功之路了。

二、使命与战略目标的关系模型

（一）关系模型要点

（1）使命在企业战略形成过程中的地位和使命形成的条件（正向）。

（2）使命对企业战略目标体系的指导与约束（反向）。

（3）使命的功能模型。

使命与战略目标的关系模型如图 3 - 2、图 3 - 3 所示。

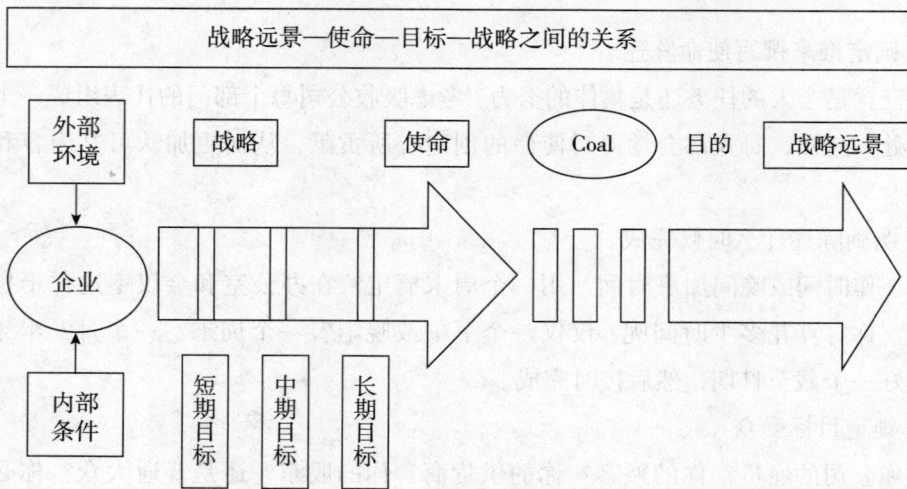

图 3 - 2　使命与战略目标的关系模型（1）

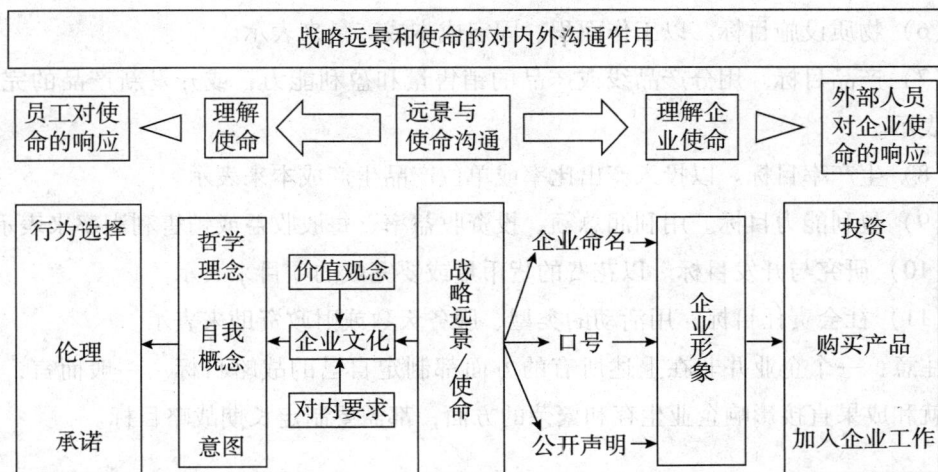

图 3 - 3　使命与战略目标的关系模型（2）

（二）战略目标的构成

企业的战略目标因企业及其使命的不同而呈现出多样化，但还是可以将它们归划成类。杜拉克主张目标包括 7 个主要方面，并可将它们归纳为相应的 4 个层次结构。

（1）获利能力。

（2）生产率——基本目标层次。

（3）公共责任——社会责任层次。

（4）革新。

（5）市场信誉产品——市场战略层次。

（6）物质资源和财力资源。

（7）经理的绩效和态度——结构层次。

有的学者，如贝叶斯将企业的战略目标归为如下四类：盈利能力；为顾客、客户或其他受益者服务；职工的需要和福利；社会责任。大多数企业在建立长期战略目标时可以考虑如下具体目标的组合。

（1）顾客服务目标。它以交货期和顾客不满意度来表示。

（2）财力资源目标。用资本结构、新增普通股、现金流量、运营资本、红利偿付和货款回收期来表示。

（3）人力资源目标。用缺勤率、迟到率、人员流动率或有不满情绪的人员数量来表示，也可用培训人员数或培训计划数目来表示。

（4）市场目标。用市场占有率、销售额或销售量表示。

（5）组织结构目标。以所进行的变革或承担的项目来表示。

（6）物质设施目标。以工作面积、固定成本或产量来表示。

（7）产品目标。用分产品线或产品的销售量和盈利能力，或开发新产品的完成期限来表示。

（8）生产率目标。以投入产出比率或单位产品生产成本来表示。

（9）盈利能力目标。用利润总额、投资收益率、每股收益或销售利润率来表示。

（10）研究与开发目标。以花费的货币量或要完成的项目来表示。

（11）社会责任目标。用活动的类型、服务天数或财政资助来表示。

注意：一个企业并非在上述所有的方面都制定自己的战略目标。一般而言，凡是其成就和成果直接影响企业生存和繁荣的方面，都需要制定长期战略目标。

（三）企业目标的制定过程

在一个具有多项经营业务的公司内，不仅公司最高管理层制定全公司的长期战略目标和短期战术目标，而且在此之后，各战略经营单位（SBU）或职能部门也必须确立自己的目标。通常这个企业目标的制定过程包括以下几个步骤，如图3-4所示。

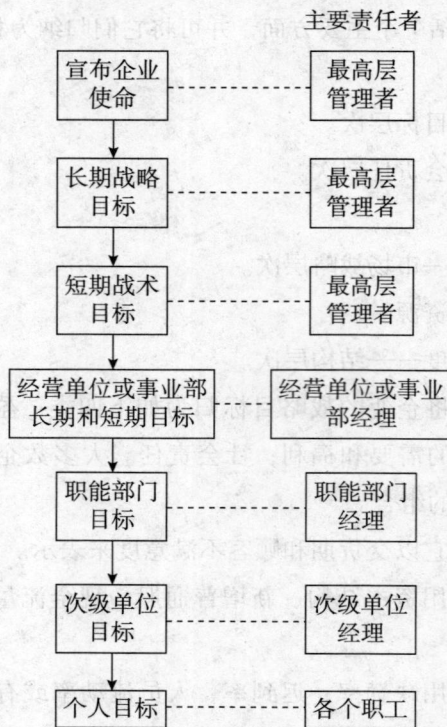

图3-4　企业目标的制定

（1）目标制定过程以最高管理层宣布企业使命而开始。

（2）确定达到这个使命的长期战略目标。

（3）由长期战略目标导致建立整个企业的短期执行性的战术目标。

（4）每个战略经营单位、主要事业部或经营单位建立自己的长期和短期目标。

（5）每个战略经营单位或主要事业部内的职能部门（如市场营销、财务、生产等）制定自己的长期和短期目标。

（6）这个目标的制定过程通过组织结构层次一直向下继续直到个人。

（四）战略目标的制定原则

1. 关键性原则

这一原则要求企业确定的战略目标必须突出有关企业经营成败的重要问题及有关企业全局的问题，切不可把次要的战术目标作为企业战略目标，以免滥用企业资源而因小失大。

2. 可行性原则

确定的战略目标必须保证能够如期实现。因此，在制定战略目标时，必须全面分析企业各种资源条件和主观努力所能达到的程度。既不要脱离实际凭主观愿望把目标定得过高，也不可不求进取把战略目标定得过低。

3. 定量化原则

要使企业的战略目标明确清晰，就必须使目标定量化，具有可衡量性，以便检查和评价其实现的程度。因此，战略目标必须用数量指标或质量指标表示，而且最好具有可比性。

4. 一致性原则

一致性原则又称平衡性原则。有两点要求：第一，战略目标组合中的各个分目标之间应相互协调，相互支持，在横向上形成一个系统；第二，总公司的长期战略目标和短期战术目标要与战略经营单位和职能部门的短期战术目标协调一致，形成系统，而不能互相矛盾，互相脱节。

5. 激励性原则

制定企业的战略目标既要具有可行性，又要考虑到它的先进性。所谓先进性，就是要求制定的目标要经过努力才能实现。只有那些可行而先进的战略目标才具有激励和挑战作用，才能挖掘出人的巨大潜能。

6. 稳定性原则

企业的战略目标一经制定和落实，就必须保持相对稳定，不可朝令夕改而引起企业战略的变更。当然，如果经营环境发生了变化，战略目标调整后，所有的经营单位及职能部门的短期战术目标也要及时做出相应的调整。

三、环境、战略、能力匹配

分析企业外部环境及审核企业内部条件或能力是为了制定战略打下一个基础，以作为战略制定的依据。这里需要综合起来看环境、战略与能力这三者间存在着怎样的匹配关系。

何为匹配？在此进行关于匹配概念属性的讨论：一致、相容、互补、适应、协同（注意概念层次）。

根据企业外部环境的复杂性和动荡程度，可以把环境分为高低不同的五等，按照从低到高的动荡顺序依次为：重复的、扩张的、转换的、突变的和意外的，每种动荡水平下的环境特征。

根据环境与战略的关系要求，不同的外部环境需要有不同的活动与其匹配。这样，环境便成了企业制定战略的出发点、依据和限制的条件。当环境发生变化时，为了适应这种变化，企业必须改变战略，制定出适应新环境的新战略。

战略与环境匹配的内涵及其度量：分析战略是否与环境相匹配，主要是看战略的进取性，即战略攻势。战略攻势或态势主要表现在两个方面。

第一，创新攻势。主要是指企业在产品、市场和技术的组合上偏离原来低水平状况的程度。偏离的程度大，创新攻势就高。

第二，市场攻势。主要是指企业市场战略的竞争性。其最低水平是使产品适应市场的需要，最高水平是以开拓性的市场观念作为市场战略的指导思想。以战略攻势的两个表现方面作为划分战略攻击水平的标准，与环境水平相对应，把战略攻势也分为五个等级：稳定的、反应的、预见的、探索的、创新的。每一种动荡水平的环境需要相应的进攻性战略。如果战略的进攻性低于环境动荡水平的要求，无论企业采用什么样的战略措施，也都难以满足起码的要求。相反，如果战略的进攻性超过了环境水平的要求，战略的发挥要受到环境的制约，也可能要以失败而告终。

战略与能力的匹配及其度量：对于企业的能力来说，它也是企业战略制定的出发点、依据和限制的条件。因为企业的能力或条件是支持战略的基础，任何能够适应环境的战略如果没有执行或实施战略的企业能力，只能是空中楼阁。对于企业能力水平的度量，可以用能力的开放性来表示。能力的开放性又可以用三个相互补充的方面来说明。

（1）怎样对待变化。随着企业对变化理解能力的提高，企业对变化会逐渐由抵制改变为开创。

（2）企业追求的目标。是追求效率还是追求有效性？追求效率的企业其能力必然是内向的，集中于企业内部。而追求有效性的企业，集中注意的是企业未来的获利能力，必然是外向的。

（3）对环境刺激的敏感性。不管是无视环境的封闭系统，还是对环境刺激非常敏感的开放系统。根据能力开放性的上述三个方面，配合不同类型战略的要求，可以把企业能力也划分为五种：看管的、生产的、市场销售的、战略的、灵活的。

任务实施

实训背景：李嘉诚斥资1000万美元投资了一家可以3D打印肉类产品的科技公司。这家名为 Modern Meadow 的美国初创公司能够通过3D打印技术在实验室里培养出猪肉、牛肉等畜肉及真皮皮革。或许不久的将来，我们每天吃的肉类和穿的皮革制品可以用3D技术进行打印了。

李嘉诚私人持有的风投公司维港投资近日牵头进行了这项投资。资料显示，Modern Meadow 是一家初创公司，拥有一种生物组织工程技术，在实验室里从皮肤细胞中培养出了皮革。这家公司还在研发经生物技术制造而成的畜肉、鱼肉和家禽肉。

由李嘉诚投资1.8亿港元打造的"JustMayo""人造蛋黄酱"在香港百佳超市旗下 Great 超市正式发售。李嘉诚亲自站台，并和一名美国大学生亲自煎人造蛋吃，力证人造蛋确实可以食用。

实训要求：分析李嘉诚的战略投资的优势与劣势？各小组以 PPT 的形式展示结果。

任务反馈

_____

_____

_____

项目小结

本项目是以企业破产原因的讨论引入战略的含义、战略与战术的关系。企业管理人员需要了解企业战略层次和战略制定流程：识别鉴定现有战略、分析企业战略环境、确定企业使命与目标和选择确定战略方案。战略管理人员在进行战略分析时，应该学会对企业的内外部环境进行 SWOT 分析。

管理人员对企业内外部环境进行综合分析后，就面临着战略选择。其中总体战略可以选择发展型战略、稳定型战略或收缩型战略；业务战略可以选择成本领先战略、差异化战略或集中战略。

┌─────────────┐
│ **营销谚语** │
└─────────────┘

我们宣布讲究实绩、注重实效，却往往奖励了那些专会做表面文章、投机取巧的人。

项目四　企业信息管理

能用他人智慧去完成自己工作的人是伟大的。——管理专家旦恩·皮阿特

任务一　企业信息管理

试一试

三人一组分别扮演采购商、供应商和物流商，在电子商务模拟平台体会企业间电子商务，学会在电子商务平台上从事采购、销售、客户、配送和资金等的操作和管理。

想一想

生活中哪些是数据？哪些是信息？哪些是知识？

经典赏析

20世纪80年代美国某钢铁公司依据经济学家普遍对美国经济发展乐观估计这一信息，大量投资，扩大生产规模。结果，1981年和1982年美国出现严重的经济危机，该公司亏损了7.6亿多美元。现实生活中，有些企业看到某些产品一时紧俏畅销，就闻风而动，一哄而上。现代科学技术的进步，人类知识的深化和扩充，数倍地提高了信息的增长速度和信息量，现代社会信息之多几乎到了成灾的地步，"信息爆炸"使人淹没在信息的汪洋大海里，反而失去了判断决策的依据，"差之毫厘，谬以千里"。

评一评

1. 什么是对企业决策有用的信息?
2. 企业信息管理包括哪些内容?

相关知识

一、企业信息管理的概念

(一) 企业信息

企业是一个人造的、由若干要素按照一定联系结合方式所构成的、开放的并不断地将输(投)入变为输(产)出的动态转换系统。企业构成要素包括人、物、财和信息,在企业系统的不断转换过程中,同时存在着物流、商流、资金流和信息流。在物流、商流和资金流的过程中,必然会产生大量信息,这些信息总是处在不断地传递和交流之中,从而形成信息流。信息流是协调和控制生产过程的基础和重要手段。只有对信息流加以有效的管理和充分的利用,企业才能有效地利用各种人力、物力和财力,保障决策正确性,增强自身竞争力,不断提高生产效率。

随着社会化大生产的发展和科学技术的进步,信息在企业生产经营中扮演着越来越重要的角色。企业管理以降低各项成本,增强企业竞争力,提高企业的效率和经济效益为目的。企业内部各部门之间及企业内部和外部之间的信息交流变得越来越频繁,交流的方式越来越复杂,交流的信息量越来越大,交流的速度越来越快,在企业管理中拥有高效有力的信息保障已成为必然条件。

1. 数据、信息和知识之间的关系

信息是具有新内容、新知识的消息,是组织的一种资源。信息与数据既有联系又有区别,数据是对情况的记录,数据是信息的原材料,信息是经过加工处理后对组织的管理决策和管理目的实现有参考价值的数据。作为一种资源,信息会影响和决定组织的生存,能够为组织带来收益;具有很强的时效性,获取和使用信息要支付费用和成本;通过对大量信息的体验和学习,并从中提取关于事物的正确理解和对现实世界的合理解释时,信息可以转化为知识。知识可以通过按一定规则排列组合的物理符号表示为数据。

2. 企业信息的主要类型

在现代企业经营管理中，企业遇到的信息很多。从不同的角度可以给企业信息分类。

（1）根据信息内容性质分类。根据信息内容性质，可以将企业信息划分为管理信息、生产信息、财务信息、市场信息和技术信息。这也是企业信息管理的主要内容和设置信息管理模块的主要理论基础。

（2）根据信息来源分类。根据信息来源的不同，可以将信息划分为内源性信息和外源性信息。内源性信息是企业内部产生的信息，外源性信息是从经济环境中获得的信息。

在企业信息管理中区别内源性信息和外源性信息十分重要。如果信息来自环境，就要尽量搞清其背景、意图、实力等，分析其与本企业的相关度，然后为企业决策服务。如果信息来自上级机关，对本企业具有约束力，就要慎重对待，不可轻易地否定。如果信息来自竞争对手，其目的是施放"烟幕"，就既可以不予理睬，也可以将计就计。

（3）根据信息价值分类。根据信息的价值，可以将信息划分为高值信息、低值信息、无值信息和负值信息。

①高值信息。这是指信息量很大、使用价值很高的一类信息，是企业竭力寻求的信息。比如对于企业来说是可能获得发展的大好机会的信息；对于企业来说是至关重要、涉及企业生存发展等重大问题的信息；有关已知的竞争对手、潜在的竞争对手和竞争环境等方面的信息；企业所处的自然环境和社会经济环境变动的信息。

②低值信息。这是指仅能够维持企业正常运转的那些信息。比如企业日常活动中的通知、报告、订单、报表、广告、信函等。这些信息不能没有，没有它们企业就不能维持最起码的运行，但是它们只能使企业维持现状，不能使企业获得发展或变革。如果企业内这类信息过多，会影响企业竞争力的提升并阻碍企业发展。现在有许多企业管理者忙于事务，整天埋在公文、报表堆里，把主要精力放在处理低值信息上，这实在是时间和精力的极大浪费。

③无值信息和负值信息。这是指没有使用价值甚至起负作用的信息。这类信息可能是某些人故意制造的假信息，也可能是信息传播过程中由于各种障碍造成的失真信息，也可能是信息采集者的理解不当造成的信息失真，这些信息对企业管理者的决策是没有帮助的，需要信息管理者能够予以识别，并加以排除。

（4）根据信息稳定性分类。根据信息的稳定性，可以将信息分为固定信息和流动信息两种类型。

①固定信息是指具有相对稳定性的信息，在一段时间内，可以供各管理工作重复

使用，不发生质的变化。它是企业一切计划和组织的重要依据。

②流动信息，又称为作业统计信息，它是反映生产经营活动实际进程实际状态的信息，是随着生产经营活动的进展不断更新的。这类信息时间性较强，及时收集这类信息是控制和评价企业生产经营活动的重要手段。

（二）企业信息管理

信息管理活动广泛地存在于一切管理活动之中。在社会处于工业化生产时期，社会信息量和管理工作中处理的信息量并不大，决策对信息的依赖程度还不算高，在大多数情况下，企业管理者是凭个人的经验决策，因此企业信息管理的作用并不明显，企业管理者也没有感到特别的需求。随着人类社会进入信息经济、知识经济时代，人类面临着纷至沓来的庞大的信息量和信息处理工作量，决策越来越依赖于信息的内容质量和时间质量，信息管理水平的高低优劣直接制约着管理活动的水平和质量。

信息管理是在管理过程中，人们收集、加工和输入、输出信息的总称。信息管理的过程包括信息收集、信息传输、信息加工和信息储存。信息收集就是对原始信息的获取。信息传输是信息在时间和空间上的转移，因为信息只有及时准确地送到需要者的手中才能发挥作用。信息加工包括信息形式的变换和信息内容的处理。信息形式的变换是指在信息传输过程中，通过变换载体，使信息准确地传输给接收者。信息内容的处理是指对原始信息进行加工整理，深入揭示信息的内容。经过信息内容的处理，输入的信息才能变成所需要的信息，才能被适时有效地利用。信息送到使用者手中，有的并非使用完后就无用了，有的还需留作事后的参考和保留，这就是信息储存。通过信息的储存可以从中揭示出规律性的东西，也可以重复使用。

企业信息管理是为企业的经营、战略、管理、生产等服务而进行的有关信息的收集、加工、处理、传递、储存、交换、检索、利用、反馈等活动的总称。企业信息管理是企业管理者为了实现企业目标对企业信息和企业信息活动进行管理的过程。

1. 企业信息管理模式的三个发展阶段

企业信息管理为企业生产经营提供的信息保障可分为数据保障、信息保障和知识保障三个层次。比如对某一产品加工过程中出现次品的频度给出度量是数据，将这些数据描绘成一个图像是信息，知识则是根据现有信息对该产品未来加工状态进行预测的能力。

从数据、信息与知识三者的关系，我们可以将企业的物流与商流过程中产生的信息分为数据流、信息流和知识流三个不同层次。每一个层次对于企业管理物流与商流和在企业的决策中对于增强企业竞争力、提高企业经济效益所起到的作用是不一样的。因此企业信息管理模式可以划分为数据管理、信息管理和知识管理三个阶段或层次，其中信息管理又可分为初级的技术信息管理阶段和高级的资源信息管理阶段，如图 4 - 1 所示。目前企业信息管理模式正在经历这样一种变化，即已从数据管理转变为信息管理，正在向知识管理过渡。

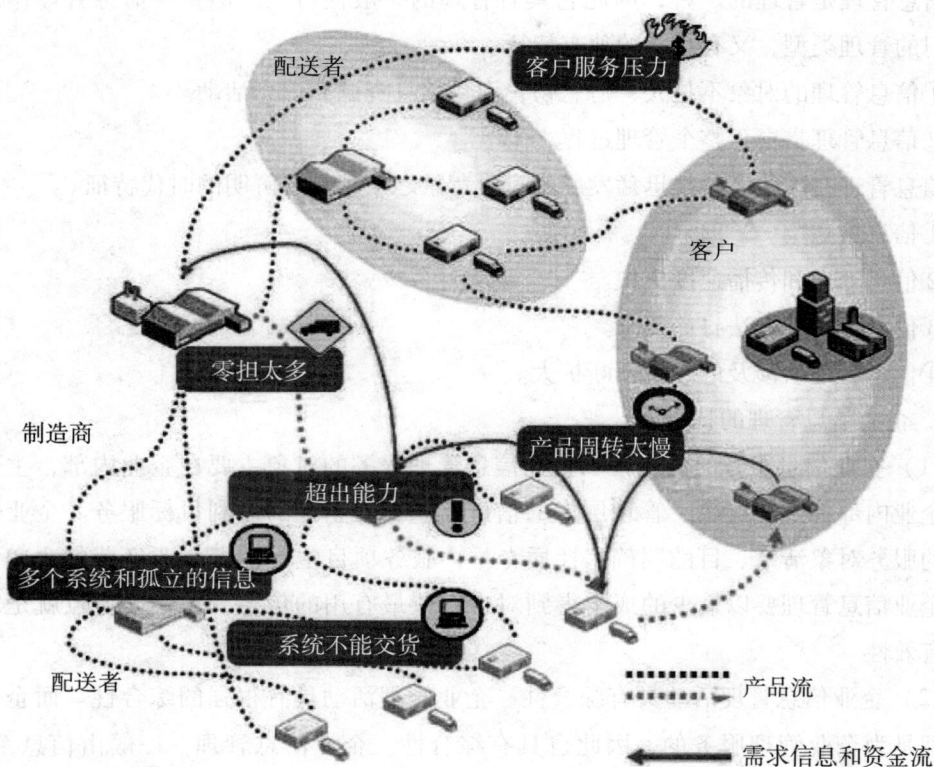

图 4 - 1　企业信息管理模式发展阶段

2. 信息管理对企业的意义

信息管理一方面是建立信息集约，即在收集信息的基础上，实现信息流的集约控制；另一方面对信息进行序化与开发，实现信息的质量控制。信息管理的最终目标是为了提高企业和社会活动资源的系统效率，其主要意义和作用体现在以下几个方面。

（1）增值信息。通过对信息的收集、组织、存储、查找、加工、传输、共享和利用，使得信息内容增加或信息活动效率提高。从零散信息或孤立的信息系统中很难得到有用的信息或用于决策的知识，信息管理把零散信息或孤立的信息系统整合成不同层次的信息资源体系，并进行序化，从而克服了混乱的信息流带来的信息查询和利用困难，提高了查找效率，节约了查询成本。

（2）增加效益。信息管理可以通过提供信息和开发信息，充分发挥信息资源对企业各活动要素的渗透、激活与倍增作用，从而节约资源、提高效率、创造效益。信息管理是现代企业节约成本、提高效率、实现可持续发展的有效途径。

（3）提供服务。信息管理与一般的管理过程相比，具有更强烈的服务性。信息管理的所有过程、手段和目的都围绕企业信息满足程度这个中心。

信息管理是管理的一种，因此它具有管理的一般性特征。但是，信息管理作为一个专门的管理类型，又有自己的独有特征。

①信息管理的对象不是人、财、物，而是信息资源和信息活动。

②信息管理贯穿于整个管理过程之中。

信息管理在现代高科技迅猛发展的时代背景之下，具有鲜明的时代特征。

①信息量猛增。

②信息处理和传播速度更快。

③信息处理的方法日趋复杂。

④信息管理所涉及的领域不断扩大。

3. 企业信息管理的特点

（1）企业信息服务的内向性。企业信息管理服务的对象主要在企业内部，主要是满足企业内部各生产层次、管理层次的信息需求，为企业的盈利目标服务。企业信息管理的服务对象清楚、目的明确、性质专一，服务项目主要依据企业经营的改变而改变。企业信息管理要以最少的成本得到对本企业最有用的信息，其最大特点就是实用性和有效性。

（2）企业信息管理活动具有综合性。企业管理活动具有很强的综合性。而企业信息管理是为企业管理服务的，因此也具有综合性。企业信息管理，一般由信息系统、信息过程、信息活动三个层面上的管理活动构成。企业信息管理活动的有效性与它的层面性之间没有必然的联系，每个层面的信息管理活动都有它自己特殊的功能。信息系统主要重结构，信息过程主要重手段，而信息活动主要重结果。只有充分发挥这三个层面上的功能，才能充分发挥信息管理工作的综合性功能，才能更好地为企业管理活动服务。

（3）人在企业信息管理中的特殊作用。企业信息管理中的人既是信息管理主体，又是信息管理客体和工具。人既是信息的收集者、处理者和管理者，同时又是信息的使用者，且是信息支持的最终对象——决策者。另外，在信息收集与管理过程中，存在显现的和隐含的经济信息，隐含的经济信息是需要人的分析、判断以后才能识别的信息。这种信息的处理只可能由人来完成，不可能由计算机来代替。在经济信息管理中，隐性信息的管理尤为重要。

（4）企业信息管理是一个创造性的劳动过程。不同的企业其信息管理的过程必然存在一定差异。企业信息需求千差万别，无法用一个固定模式去实现，因此，任何企业的信息管理都需要创造性的劳动。在企业信息管理的每一个环节，都蕴藏着管理方式的创新。

二、企业信息管理的内容

企业信息管理的内容是决定了信息管理工作的主要任务，直接影响到企业信息管理的质量。从企业信息管理工作流程上看，企业信息管理内容包括以下几方面。

（一）制订信息规划

信息规划是确定信息收集的过程或界定信息方向，也就是明确企业需要什么样的信息、收集信息的范围和目的。制订信息规划是企业信息管理的第一个阶段，企业信息管理工作最首要的问题应是界定信息需要，制订信息规划。如果一个企业在信息管理初始阶段没有根据管理层的要求分出轻重缓急，信息收集就可能出现盲目性、缺乏系统性的问题。信息规划应该根据企业管理层对信息的需要确定信息收集的优先目标，然后确定采取什么方法完成任务。

所以，信息规划工作首先应该了解企业各部门信息需要及使用信息的目的。重点对企业内部信息需要进行评估，确定最经常需要的信息、广泛使用的内部信息、内部的交流渠道和人们交流的媒介。这是企业信息管理中最易忽略的一项但也是最重要的工作。信息需求评估必须围绕企业管理层的需要进行，以满足企业高层管理人员的需要为第一位，否则，信息管理工作不会成功。了解高层管理者的需要方法很多，如访谈、问卷调查等。其次，制订一个信息收集计划，根据可拥有的时间和需要的信息内容确定收集的方式和实施的计划。计划应注意考虑得不到某些资料时的应急方案。

（二）收集信息

一般认为收集信息就是对原始信息的获取。原始信息收集是企业信息管理中关键的一步，是后续工作的基础，全面、及时、准确地识别、筛选、收集原始信息是确保信息管理正确性与有效性的前提。原始信息来源广泛，可以来自公开渠道，也可以来自竞争对手。其中大部分来源是公开渠道，从公开渠道收集信息也相对比较容易，信息源包括政府、行业协会、报刊、年度报告、书籍、广播电视、讲话、数据库、聊天、网络等。只要掌握收集信息方法的人都可以通过合理合法的方式得到所需信息的绝大部分，其实这也是企业收集信息的主渠道。可是在企业信息管理的实践中，我们往往忽略公开信息源，而是把收集信息的重点放在竞争对手商业秘密的挖掘上。但事实上即使企业得到竞争对手的商业秘密，充其量才得到你要了解竞争对手信息的一小部分，况且商业秘密也不完全是企业成功的保证。因此，企业收集信息一定要重视公开信息源。

（三）处理信息

企业收集到的信息可能是大量的、无秩序的。因此，首先必须对它们进行一定的处理才能使用。处理信息的首要工作是将信息集中、记录和组合。一般由企业较低级的部门完成，这样做的好处是使公司的中级和高级信息分析人员将精力集中在关键的分析工作上。特别强调的是企业获得原始信息的部门始终应该保存信息的全文，但送达管理层的信息应简明扼要，越往上级，信息越应浓缩。其次是对信息进行评级和分类。由于信息的来源不同，收集到的信息良莠不齐，对信息的真伪要进行辨别，分出等级和档次。

（四）存储信息

存储信息是将获得的或加工后的信息暂时或长期地保存起来，以备随时调用。信息存储主要考虑信息的物理存储和逻辑组织两个方面，物理存储是指寻找适当的方法把信息存储在磁盘、光盘、胶卷等介质中；逻辑组织是指按信息逻辑的内在联系和使用方式，把信息组织成合理的数据结构，以便快速存取。

（五）维护信息

维护信息就是要保持信息处于可用状态。也就是说，要经常更新存储器中的数据，使数据均保持可用状态。其目的是为了保证信息的准确、及时、安全和保密。

（1）保证信息的准确性，一要保证数据是最新的状态，二要使数据在合理的误差范围内。

（2）保证信息的及时性就是能及时地提供各种所需信息。

（3）保证信息的安全性要采取安全措施，防止信息受到破坏，万一被破坏也能容易恢复。

（4）信息的保密性是要采用各种先进技术和防范措施，防止信息被盗。

（六）输出信息

输出信息是指将处理后的信息按照工作要求的形式和习惯，将信息提供给需要者。一般来说，衡量信息管理有效性的关键不在于信息收集、加工、存储、传递等环节，而在于能否定时定向、保质保量地输出信息。输出信息是企业信息管理周期的最后一个环节，是前期工作的最终结果。它可能是简短的口头汇报，也可能是各种详尽的书面报告，比如核算报表、分析报告、查询结果等。

案例：

一家日本公司打算在美国佐治亚州建一座造纸厂，因此，需要了解当地一家造纸厂的生产能力和实际产量。如果该工厂开工不足，再建一个造纸厂就无意义，否则，就有利可图，因为当地有许多林场，造纸的原料不成问题。日本公司聘请一个外部咨询公司来了解当地造纸厂的情况。该咨询公司首先记录了从工厂开出的火车车皮数量，然后为了解车皮是否都满载，该咨询公司又请来个既是化学家又是金属方面行家的人。他们通过每趟火车开过之后钢轨上的锈的变化情况确定钢轨承受的重量，从该重量中减去火车的重量，而确定了火车的载重，从火车的载重推算出了工厂生产的纸的数量。但仅知道产量还不够，还需要掌握工厂设备的开工情况。于是又通过询问该厂的一些工人了解到机器的数量、类型等，又从机器制造商那儿知道了这些机器的生产能力。结果发现，工厂机器的开工率大部分时间达90%。于是日本公司决定建造一座新造纸厂。

案例分析：

（1）作为这家日本公司的总经理，他最需要的信息是当地造纸厂的生产能力和实际产量。

（2）此案例中收集信息的主要来源是公开渠道，比如资源、货运情况、机器制造商，通过这些公开渠道获得有关原材料、生产量、生产能力等信息；当然也有来自对手内部的信息源，比如机器数量和类型；两者结合获得比较准确可靠的信息。

（3）企业信息管理的内容包括制订信息规划、收集信息、处理信息、存储信息、维护信息和输出信息。

小组讨论：

1. 作为这家日本公司的总经理，他最需要的信息是什么？
2. 此案例中收集信息的主要来源是什么？
3. 企业信息管理的内容包括哪些方面？

三、企业信息管理系统

企业信息管理系统（Enterprise Information Management System，EIMS）就是运用现代化的管理思想和方法，采用电子计算机、软件及网络通信技术，对企业管理决策过程中的信息进行收集、存储、加工、分析，以辅助企业日常的业务处理直到决策方案的制订和优选等工作，以及跟踪、监督、控制、调节整个管理过程的人机系统。

企业信息管理初期仅仅涉及数据管理，无论在内容上，还是功能上都很狭窄，只是围绕着对数据的收集、分类、组织、简单的加工处理、存储、检索、计算等操作，企业信息管理为企业提供的是数据保障。伴随着计算机广泛应用，数据处理系统纷纷亮相，如计算机数据统计系统、数据查询与分析系统等。20 世纪 60 年代中期，管理信息系统 MIS 诞生并迅速发展起来，信息管理的模式开始。MIS 具有提供信息，支持企业和组织的运行、管理与决策功能，强调信息系统对生产经营过程的预测和控制作用。20 世纪 70 年代推出了决策支持系统 DSS 和办公自动化系统 OAS。DSS 面向高级管理层的决策者，引入外部信息，决策模型和用户共同驱动系统的运行，通过技术手段和模型化的方法提高决策的效益。OAS 是利用危机和局域网技术及各种先进办公设备与办公人员构成的信息处理系统，处理对象是办公事务。

信息管理系统发展到 20 世纪 70 年代末发生新的转折，为了提高决策水平，必须最大限度地利用信息资源，重视信息资源的开放性，共享性。战略信息系统就是运用这种观点的新一代信息系统，不再面向组织业务流程和办公事务，而是面向高层管理和竞争战略决策的需要。其应用主要体现在生产率提高、市场反应能力增强、竞争优势强化等方面。

企业信息管理技术保证企业内、外部信息在企业中准确、快捷地流动，为决策提供依据，其关键是实现设计信息、生产信息、管理信息的有效整合。主要分为三大方面的技术：后台技术、前台技术和虚拟技术。后台技术是指以企业资源规划系统为代表的企业内部信息管理系统软件，又称后台管理系统，包括财务管理、采购管理、库存管理、生产管理、人力资源管理、项目管理等。它主要用于管理企业的内部运营的所有业务环节，并将各业务环节的信息化孤岛连接起来，使各种业务的信息能够实现集成与共享。前台技术是指客户关系管理系统，它实施于企业的市场、销售、技术支持等与客户有关的工作部门。由于其管理范围和功能直接面向市场，位于企业运营的最前端，故又被称为前台系统。

从目前已经大量应用的各种企业信息管理系统来看，普遍具有以下特性。

（一）行业专家特性及实际应用特性

除了通用的管理软件和 MRP、OAS 外，大多软件都需要根据企业实际情况量身定做。咨询顾问（多数都是行业内的专家）和企业各级员工在认真总结以往经验和企业发展要求的基础上，作大量的需求分析，根据企业实际定做或在标准版本的基础上作大量的修改适应企业实际需求。

（二）系统性和整体性

多数系统是从企业战略的角度出发，在全局和总体考虑的前提下设计企业的信息管理系统，从企业的人员机构管理、产品管理、系统权限管理、销售管理、采购管理、生产管理、质量管理等系统的角度，考虑战略的实现性和信息之间的关联性、制约性。

（三）积累性和共享性

企业的信息管理系统能够将各部门和各员工的日常工作的关键数据存储在数据库中，具有历史知识的积累性，并能根据权限方便企业不同层次员工进行查阅和调用。

（四）决策支持性

所有的各种数据可以经过计算机的处理从不同的角度得到各种分析结果，并通过报警提醒的方式，使决策者在第一时间得到相关信息。

（五）动态特性

由于信息的时效性和关联性，当系统中某一信息要素发生变化时，与之相关联的其他信息均发生变化。同时由于企业的外部环境和内部要素均在动态发生变化，系统也要求能够适应这种变化。

1. 管理网络化将成主流应用

随着电子商务的快速发展，大量的业务被转移到互联网上，软件需求成为必需，管理软件网络化（SaaS）将成为未来的一个发展趋势。未来用户的需求将会向动态组织、跨组织、跨地域、跨时空的流程管理及表单管理等应用发展变化，将向门户化、无线、服务方向发展，协同管理将成为企业的中枢应用系统，用户在选择 ERP 之前更多会选择协同工作系统作为基础设施，然后不断增加可以连接到协同工作系统的其他业务系统，形成以协同为中心的、完整的信息化布局。

2. 移动商务将成有效发展模式

随着国民经济的不断发展，很多企业对提高管理效率、降低成本的信息化解决方案表现出了强烈需求，企业信息化市场具有很大的发展空间。由于移动信息化投入低，对员工的素质要求也不高，所以移动商务发展将呈现步入快车道趋势。

（1）辨别分析海量数据，获得有效信息。数据、信息和知识之间存在联系又彼此有区别，企业信息管理者应该从海量的数据中提取有效信息，从而为企业经营管理提供信息保障，进而达到知识管理。

（2）正确管理企业信息。企业信息根据其不同特性有不同分类和不同来源，对企业信息进行有效管理将对企业产生深刻影响，能够使企业信息增值，增加企业效益及为企业其他管理提供更好的信息服务。

（3）合理运用企业信息管理系统。企业信息管理系统经过几十年的发展，已经从简单的数据管理发展到决策和战略管理，企业应该根据自己的实际情况，选择或修改标准管理信息系统，为企业各个管理层次，特别是高层管理人员提供决策支持，从而把握和控制企业经营的正确方向。

✖ 任务实施

实训背景：某高校市场营销专业将进行专业方向分班，有连锁经营和网络营销两个方向。课后到图书馆及通过网络寻找资料，阐述企业信息化过程中常用的企业信息管理系统有哪些。

实训要求：请大家按单、双学号分成两组，分别针对这两个方向收集资料，进行筛选，为他们提供方向选择的有效信息。提示：制订信息规划、信息收集、信息处理、信息输出。

⊕ 任务反馈

_____

_____

_____

任务二 企业信息化建设

✎ 试一试

浏览石家庄北国超市的网站——即天到达。找出它的特点并加以分析。

👤 想一想

作为零售行业如何捕捉准确及时的查货和补货？

📖 经典赏析

安踏（中国）公司是极富创新精神的中国民营企业中最具代表性的一个，从 1994

年福建晋江的一家制鞋作坊到今天全国最大的服装制造商之一，安踏书写了自己的"草根传奇"，而"敢为天下先"的创新精神则一直是安踏"永不止步"的原动力，而安踏的信息化建设也同样秉承了这样的精神。安踏实施信息化其实和国内众多民营企业一样，也经历了一个从无到有的过程。安踏公司的信息系统部从最初的几台个人电脑、一个IT人员到如今拥有由十多位专业IT人员组成的信息技术建设团队及稳定的ERP系统，支持全国4000多家销售网点的业务运营。

在如今的福建闽南地区，安踏公司已经成为服装制造行业信息化建设的领先者，近两年来安踏通过改变销售模式，完善业务流程和组织建设，为ERP系统的稳定和高效运营奠定了坚实的基础。而在IT建设和企业运营管理相结合方面也逐步显示出良好效果。目前，安踏集团的生产和供应链管理已经成功通过IT系统的扶助进行规范统一管理。这些都是安踏在信息化建设上引以为豪的地方。

然而着眼未来，随着企业产品线的完善及业务规模的扩张，不仅对信息反馈的速度和质量将有更高的要求，同时对权限管理、信息安全、异地数据备份等信息化要求更高，安踏的领导层早已认识到，单一的ERP系统已经不能支持企业在管理及运营水平上的创新，为了支持企业的长远发展，信息化建设更需要从设备、解决方案到技术人员等各个方面磨炼内功，同时也需要制定一个长远的信息化发展蓝图。

评一评

1. 描述一下安踏企业信息化的历程，并阐述什么是企业信息化？
2. 安踏在企业信息化过程中运行了哪些信息管理系统？

相关知识

一、企业信息化

企业信息化建设是企业实现信息管理的必要条件。企业必须从思想观念、管理模式、技术设备、组织机构等许多方面来一个全新的创造，对自身进行一次信息化改造，只有这样，才有可能实现信息管理。

企业信息化是指通过对信息技术的应用、开发和使用企业的信息资源，提高管理水平、开发能力、经营水平的过程。企业以企业流程优化或重组为基础，在一定的深度和广度上利用计算机技术、网络技术和数据库技术，控制和集成化管理企业生产经营活动中的所有信息，实现企业内外部信息的共享和有效利用，以提高企业的经济效益和市场竞争能力。

目前在企业信息化发展进程中,绝大部分企业已经开始利用计算机系统实现企业内部管理的系统化,即信息管理系统化。企业经营管理和信息管理系统关系密切,两者之间不断互相作用:信息管理系统的每一次更替,无不受制于企业经营管理的需要和信息技术的进步;蕴含先进信息技术的信息管理系统又会驱动企业的经营管理向着更好的方向发展。

企业信息化建设必须具备一定的条件才能成功实施。

(一)企业信息化的迫切需求

企业信息化的迫切需求是企业实施信息管理的首要条件。企业要进行信息化管理,必然要建立相应的信息管理的自动化系统,或者开发管理信息系统,无论哪一种投入都是巨大的,而且其中技术复杂,牵涉企业管理的方方面面的关系及其利益,实施起来困难很大。因此,只有当企业真正感觉到必须实现信息化,企业才具备实现信息化的真正动力。企业信息管理不是赶时尚、追求"花架子",如果企业没有信息化迫切的需求,只是为了装饰门面,而投入大量资金去建设信息管理工程,其结果必然造成各种资源的巨大浪费。

(二)合理的企业信息化总体规划

企业实施信息化管理,必须要有一个与企业发展相适应的整体规划。企业应该根据自身的生产经营情况制订企业信息化管理的总体发展规划,有步骤、有计划、有缓急地建设。设立哪些信息管理系统,以及建设的顺序都要与企业生产经营紧密结合并协调,避免不切合实际地追求"一步到位"。

(三)技术和管理基础

企业信息化首先必须建立在一定的技术基础和管理基础上,如果企业技术基础落后,机械化和自动化技术水平很低,那么企业实现信息管理只是一句空谈。现代化的信息技术只有和相应的机械化、自动化水平相匹配,其信息管理优势才能发挥出来。其次,企业信息化要有较好的管理基础,企业从上至下要有现代化管理理念,对企业信息化的重要性与迫切性有较为深刻的认识,另外要有合理的组织结构、健全的规章制度、完善的业务流程。

(四)信息化人才

成功实施企业信息化必须要有相应的技术与管理人才。企业信息化是充分运用现代信息技术的过程，从项目的立项、开发、投入使用到运转过程中的维护，其中技术总是在不断地更新、升级，因而运用这些技术的信息管理系统也涉及不断更新和升级的问题。那么企业必须在各个环节上有与之要求相适应的技术人才和管理人才，这是企业信息管理的重要基本条件之一。

二、管理信息系统

管理信息系统（Management Information System，MIS），是一个由人、计算机及其他外围设备等组成的能进行信息的收集、传递、存储、加工、维护和使用的系统。它是一门新兴的科学，其主要任务是为管理决策服务，即通过对企业拥有的人力、物力、财力、设备、技术等资源的调查了解，建立正确的数据，加工处理并编制成各种信息资料及时提供给管理人员，以便进行正确的决策，不断提高企业的管理水平和经济效益。

管理信息系统是数据处理系统发展的高级阶段。它除了代替管理人员完成烦琐的事务性工作之外，还可以辅助领导人作出决策。例如，可以利用 MIS 系统找出目前迫切需要解决的问题，并将信息及时反馈给上层管理人员，使他们了解当前工作发展的进展与不足。

（一）管理信息系统层次

企业的管理活动分为三个层次：①战略计划；②管理控制与战术计划；③业务计划与控制。其对应于战略决策、战术决策和业务决策三个决策层次。战略计划处理长期问题，比如企业经营方向、市场战略、产品发展战略等；管理控制与战术计划考虑中期问题，比如合理组织和有效利用资源，调整工作机构设置，接收和培训工作人员等；业务计划与控制是关于现有业务活动的短期决策，比如价格、产量计划和库存控制等。当然，上述三个层次的管理活动是相互关联的，但由于活动内容、时间尺度的不同，信息需求和问题处理的方式也有差别，为了有效地支持各级管理决策，管理信息系统可以分为以下四个层次。

1. 事务处理

主要处理各类统计、报表、信息查询和文件档案管理等。

2. 业务信息处理

主要协助管理者合理安排各项业务活动的短期计划，比如生产日程安排等。根据计划实施情况进行调度、控制。对日常业务活动进行分析、总结，提出报告等。业务信息处理的主要信息来源是内部环境信息，特别是反映当前业务活动情况的信息。

3. 战术信息处理

协助管理者根据企业的整个目标和长期规划制订中期产、供、销活动计划，应用各种计划、预算、分析、决策模型和有关信息，协助管理者分析问题，检查和修改计划与预算，分析、评价、预测当前活动及其发展趋势，以及对企业目标的影响等。战术信息处理要利用大量的反映业务活动状况的内部信息，也需要相当多反映市场情况、原材料供应者和竞争者状况的外部信息。

4. 战略信息处理

协助管理者根据外部环境的信息和有关模型方法确定或调整企业目标、制订或调整长期规划、总行动方针等。战略信息处理要利用各层次信息处理结果，同时要使用大量外部信息，如用户、竞争者、原材料供应者的情况，国家和地区社会经济状况与发展趋势，国家和行业管理部门的各种方针、政策等。

（二）管理信息系统开发的基本原则

开发管理信息系统是一件比较复杂的事情，为了取得良好的经济效果，在开发管理信息系统时，须遵循以下几个基本原则。

1. 创新原则

不是简单地用计算机模仿传统的手工作业方式，而是要充分发挥计算机的各种能力去改革传统的工作。如果从一开始就只想用计算机代替人去干那些一般事务性工作，最后肯定弥补不了装置和开发管理信息系统所耗的巨大费用。所以在建立管理信息系统时，一开始就要寻找管理中的薄弱环节，分析它所带来的损失，想办法用计算机来克服它们。特别是过去人们一直认为应该干而又不能干的工作，如果用计算机来完成，一定会收到良好效果。

2. 整体性原则

在传统管理中一个很大的弊病就是管理人员的本位观念较强，他们作决策往往从本部门出发考虑问题多，而考虑全局较少。管理信息系统恰好弥补了这个缺陷。所以，在一开始设计时，就要站在全企业的角度来通盘考虑。有些在局部看来最优，在整体看来不优的决策一定不要引入。各部门的职能分工、任务安排也要考虑到相互协调的问题。

3. 不断发展的原则

随着企业的发展和规模的扩大，会出现新的管理内容，旧的管理内容也会有所更改。作为一个好的管理信息系统，要能随着管理内容的扩大和变更而不断改进自己的内容，使其与管理相适应。因而要求在设计管理信息系统时，一定要留有充分的余地。各种编码、记录、文件程序等都要便于今后的变动和增新。

4. 专群结合的原则

建立管理信息系统，需要一批系统分析师、设计师、程序员等专业人员。但是，单靠这批专门人才是远远不够的。一定要得到广大管理人员的支持，并组织他们参加。因为管理人员最熟悉他们的业务。当他们了解到计算机的作用后，便可以提出哪些手工作业最宜于交给计算机来操作。如果没有他们参加，很难使管理信息系统得到成功，甚至根本打不开局面。

三、决策支持系统

（一）决策支持系统的概念

决策是人们为了达到某种目的而进行的有意识的、有选择的行为，在一定的条件制约下，为了实现一定的目标，而从可能的选择方案中作出决定，以求达到较为满意的目标。科学地进行决策是人们从事的各项工作得以顺利进行的基本保证，也是衡量企业领导水平的重要标志。

决策支持系统（Decision Support System，DSS）是辅助决策者通过数据、模型和知识，以人机交互方式进行半结构化或非结构化决策的计算机应用系统。它是管理信息系统（MIS）向更高一级发展而产生的先进信息管理系统。它为决策者提供分析问题、建立模型、模拟决策过程和方案的环境，调用各种信息资源和分析工具，帮助决策者提高决策水平和质量。

支持决策过程的计算机信息系统虽然得到长足的发展，但由于决策对象和决策过程的复杂性，任何一个决策支持系统又都有其局限性，即它具有很强的针对性，往往都是面向某一确定的决策类型而运行的决策系统，所以它不可能支持所有的决策问题。

知识拓展：

决策支持系统（DSS）的产生和发展历史如下。

（1）20世纪70年代中期美国麻省理工学院的米切尔S.、斯科特和彼德G. W. 基恩首次提出了"决策支持系统"一词，标志着利用计算机与信息支持决策的研究与应用进入了一个新的阶段。在整个70年代，研究开发出了许多较有代表性的DSS。

（2）到20世纪70年代末，DSS大都由模型库、数据库及人机交互系统三个部件组成，它被称为初阶决策支持系统。

（3）20世纪80年代初，DSS增加了知识库与方法库，构成了三库系统或四库系统。

（4）20世纪80年代后期，专家系统与DSS相结合，充分利用专家系统定性分析与DSS定量分析的优点，形成了智能决策支持系统IDSS，提高了DSS支持非结构化决策问题的能力。

（5）近年来，DSS与计算机网络技术结合构成了新型的能供异地决策者共同参与进行决策的群体决策支持系统GDSS。

（6）DSS产生以来，研究与应用一直很活跃，新概念新系统层出不穷。研究与应用范围不断扩大，层次不断提高，国外相继出现了多种高功能的通用和专用DSS。

（二）决策支持系统的功能

决策支持系统的总体功能是支持各种层次的人们进行决策，或者说辅助各种层次的人们进行决策。决策支持系统如果从功能上分解，则可细分出如下具体功能。

（1）决策支持系统用来整理和提供本系统与决策问题有关的各种数据。各种不同的待决策的问题可能需要不同方面、不同层次的数据，如生产数据、库存数据、财务数据和设备运行数据等。

（2）决策支持系统要尽可能地收集、存储和及时提供与决策有关的外部信息，外部信息是保证正确决策的重要依据。如市场需求、商品价格、原材料供应和竞争对手的经营状况等。

（3）决策支持系统能及时收集和提供有关各项活动的反馈信息，包括系统内和与系统相关的信息，如计划完成情况、产品销售情况和用户反映信息等。

（4）决策支持系统对各种与决策有关的模型具有存储和管理的能力。不同的决策内容需要不同的决策模型的支持，如库存控制模型、生产调度模型、投入产出模型等。

（5）决策支持系统提供对常用的数学方法、统计方法和运筹方法的存储和管理。如统计检验方法、回归分析方法、线性规划方法等。

（6）决策支持系统能对各种数据、模型、方法进行有效管理，为用户提供查找、变更、增加和删除等操作功能，以使用户可以对系统所提供的数据、模型和方法进行有效而灵活的运用。如数据的变更、模型的修改、方法的增删等，都可以通过系统来完成。

（7）决策支持系统运用所提供的模型和方法对数据进行加工，如对数据进行汇总、分析和预测等，并得出有效支持决策的信息。决策支持系统具有人机对话接口和图形加工、输出功能，不仅用户可以对所需要的数据进行查询，而且可以输出相应的图形。

（8）决策支持系统应能支持分布使用方式，提供有效的传输功能，以保证分散在不同点的用户能共享系统所提供的模型、方法和可共享的数据。

（三）决策支持系统的组成

决策支持系统的基本组成一般包括数据库管理系统（DBMS）、模型库管理系统（MBMS）和对话生成管理系统（DGMS），总体来讲，在决策支持系统中，对话子系统为决策者提供使用系统的接口，数据子系统提供支持决策的数据和信息，而模型子系统则为决策者提供进行推理、比较、分析和选择资料的手段。决策支持系统结构如下。

1. 对话系统

对话系统是决策支持系统中的重要组成部分，它是用户使用系统的接口，具有很强的交互功能，即决策支持系统的全部功能必须通过对话系统来加以实现。

对话系统是具有交互功能的软件系统，具有的功能如下。

（1）具有处理不同类型对话方式的能力，以保证用户可以按照自己选定的对话方式进行工作。

（2）系统提供多种输入设备，以适应用户根据相应的对话方式而使用不同类型的设备。

（3）系统提供多种输出设备，以适应用户根据所采用的对话方式获得自己所需要的输出内容。

（4）系统提供可供选择的用户所需要和习惯的数据输出格式，以满足不同层次用户的需要。在设计一个对话系统时，应先分析和了解用户的决策过程，特别是要了解决策者所要求或习惯的输出表达方式和输入方式，然后才能开始设计一组输入和输出控制模块。

2. 数据系统

数据系统是决策支持系统的另一个重要子系统，因为任何一个决策过程都必须依靠信息，而信息又被表现为多种数据形式，可以包括常规的数据也可涉及多媒体形式的数据，特别是多媒体数据中的表格和图形。

数据子系统的核心是决策支持数据库，并通过数据库管理系统来实现对数据的提取、加工、存储和检索。由此可见，决策支持系统的数据子系统是一个以数据库技术应用为基础的数据库系统，其基本功能包括以下几方面。

（1）能适应多重数据来源的数据采集系统。它可获得各种数据并加以提取，因为用于决策过程中的数据可能来自内部也可能来自外部，而内部数据可能来自不同的部门。决策所涉及的方面越多，则所要采集的数据种类也越多，来源更广泛。

（2）能提速对数据进行批量的增加和删除。在决策过程中所涉及的数据和数据量可能随事件的变化而不同，随决策的方法或决策者的不同而变化，因而对数据和数据量的变化应该提供支持，便于按需要进行调整。

（3）能够按照决策者的要求，提供对数据逻辑结构的描述。使用户能够清楚地理解各种数据的关系和用途，以帮助决策支持系统的使用对所提供的数据信息有比较清晰的了解。

（4）有较强的数据管理功能。除了常规数据库系统应提供的数据管理和查询功能外，由于决策过程中的各种需要，如数据的归并、数据量的变更、数据粒度的选择、数据来源的记录、数据精度的变化、操作方式的多样等，都要求系统提供较强的辅助能力。

（5）有多方面的表达能力。不仅应具有分析能力，还应有较丰富且直观的表达能力。表格是一种易于为人们所接受且常使用的表达方式。此外，图形也是常用的表达工具，如统计报表的图形表示就常用到直方图、折线图或饼图等形式来表达。

3. 模型系统

模型系统是决策支持系统的重要子系统，而模型库又是模型系统的核心部门。通常说管理信息系统是由数据驱动的，而决策支持系统则是由模型驱动的，可见模型在决策支持系统中的作用和地位。模型系统应由模型库与模型库管理系统及对外接口组成，模型系统的基本功能如下。

（1）具有用集成的方法来存储和管理模型的功能。

（2）具有快速和方便地构造新的模型的功能。随着决策的需求，根据条件的变化和发展，新的模型的构造将是必不可少的，模型库系统支持模型构造的全过程。

（3）具有支持对模型的操作和运行的功能。模型的运作是决策过程中的重要环节，模型库系统必须支持这一环节，能使各层用户利用模型对待决策的问题进行分析，对不确定的问题提供解决的线索。

（4）具有向用户显示模型功能并描述模型与用户需求的关系的能力。

（5）具有获取、存储、分析与模型使用有关的数据和分析过程的能力。

（6）具有在模型建立和分析与支持中，能够产生灵活的自适应和可变更系统的能力。

（7）具有依据知识及推理规则进行模型连接，从而使模型具有相关联的能力。

（8）具有用户操作处理时根据需要引入主观信息的能力。

（四）决策支持系统与管理信息系统

在管理信息系统的实践中，人们发现它还是不能像预期的那样产生巨大的经济效益。管理信息系统虽然将企业内部的各种信息统一起来，加强了对企业生产经营活动的计划与控制，大大改善了企业中的管理工作，提高了整个企业的效率。但对企业的上层管理并没有产生决定性的影响。企业上层主管人员的主要任务是确定目标、选择战略和进行重大决策，对他们来说，重要的不是工作的效率，而是决策的效果，即主要不在"正确地做事"，而在于"做正确的事"。这使人们认识到，要对管理目标作实质性的贡献，必须更直接地面向决策。

一定程度上，我们可以认为管理信息系统和决策支持系统是计算机应用于管理活动中的两个不同发展阶段，它们之间既有联系又有区别。

1. DSS 与 MIS 的区别

（1）MIS 侧重于管理，而 DSS 侧重于决策。

（2）MIS 的目标是提高工作效率和管理水平，而 DSS 的目标是追求工作的有效性和提高效益。

（3）MIS 主要面对结构化系统，而 DSS 是处理半结构化和非结构化系统。

（4）MIS 的分析和设计体现系统的全局和总体的信息需求，而 DSS 的分析和实现更着重于体现决策者的信息需求。

（5）MIS 是以数据驱动的系统，而 DSS 则是以模型驱动的系统。

（6）MIS 更强调信息的集中管理，而 DSS 却更趋向于信息的分散利用。

2. DSS 与 MIS 的联系

（1）MIS 能收集和存储大量的基础数据；DSS 可充分地利用这些基础数据，使数据发挥更大的作用。

（2）MIS 能够担负起反馈信息的收集工作，可以对 DSS 的工作结果进行检验和评价。

（3）DSS 的工作能够对 MIS 的工作进行检查和审核，为 MIS 的更加完善提供改进的依据。

（4）在 DSS 的反复使用中对所涉及的问题模式和数据模式可逐步明确，逐步结构化，从而将相关功能并入 MIS 的工作范围。

四、企业资源计划

企业内信息系统的主要功能就是将企业内部各职能部门通过信息交换和信息共享集成为一个整体，有效配置企业资源，提高企业运作效率。目前应用比较成熟的企业资源计划是典型的企业信息管理系统后台技术，也逐渐成为一种被企业广泛接受的现代管理理论之一。

所谓企业资源计划（Enterprise Resource Planning，ERP），就是将企业内部各个部门，包括财务、会计、生产、物料管理、品质管理、销售与分销、人力资源管理等，利用信息技术整合、连接在一起，以系统化的管理思想，为企业决策层及员工提供决策运行手段的管理平台。

ERP 的发展突破了仅限于企业内部资源管理的 MRP Ⅱ 的发展局限，把供应链内的供应商等外部资源也看作受控对象集成进来，并把时间作为资源计划的最关键的一部分。ERP 以顾客驱动、基于时间、面向整个供应链为三个主要特征，以资金、货物、人员和信息为四大元素。其主要宗旨是对企业所拥有的人、财、物、信息、时间和空间等综合资源进行综合平衡和优化管理，协调企业各管理部门，围绕市场导向开展业务活动，提高企业的核心竞争力，从而取得最好的经济效益。

（一）ERP 系统与企业信息集成模型

ERP 强调的是人、财、物、供、产、销，全面结合、全面受控；实时反馈、动态协调；效益最佳、成本最低；流程式管理、扁平化结构。体现了先进的管理思想和理念。

（二）ERP 的核心管理思想

随着对企业资源及资源体系认识的扩展，现在的 ERP 不仅仅局限在物料需求、制造管理，而且延伸到了质量管理、实验室管理、流程作业管理、产品数据管理、维护管理、管制报告、仓库管理、供应链管理、客户关系管理、知识管理等领域。并且随着管理研究和管理实践的进一步发展，企业资源体系与 ERP 都将不断调整和扩展。ERP 的核心管理思想就是实现对企业整体供应链资源的有效管理，主要体现在以下几个方面。

1. 体现了对集成化供应链资源整合管理的思想

现代企业的竞争已经不是单一企业与单一企业间的竞争，而是一个企业供应链与另一个企业的供应链之间的竞争，即企业不但要依靠自己的资源，还必须把经营过程中的有关各方如供应商、制造工厂、分销网络、客户等纳入一个紧密的供应链中，只有这样才能在市场上获得竞争优势。

2. 体现精益生产和敏捷制造的思想

ERP 系统支持混合型生产方式的管理。其管理思想表现在两个方面：一方面是"精益生产（Lean Production）"的思想，即企业把客户、销售代理商、供应商、协作单位纳入生产体系，同他们建立起利益共享的合作伙伴关系，进而组成一个企业的供应链；另一方面是"敏捷制造（Agile Manufacturing）"的思想。当市场上出现新的机会，而企业的基本合作伙伴不能满足新产品开发生产的要求时，企业组织一个由特定的供应商和销售渠道组成的短期或一次性供应链，形成"虚拟工厂"，把供应和协作单位看成是企业的一个组成部分，运用"同步工程（SE）"，组织生产，用最短的时间将新产品打入市场，时刻保持产品的高质量、多样化和灵活性，这即是"敏捷制造"的核心思想。

3. 体现事先计划与事中控制的思想

ERP 系统中的计划体系主要包括主生产计划、物流需求计划、能力计划、采购计划、销售执行计划、利润计划、财务预算和人力资源计划等，而且这些计划功能与价值控制功能已完全集成到整个供应链系统中。ERP 系统通过定义事务处理（Transaction）相关的会计核算科目与核算方式，在事务处理发生的同时自动生成会计核算分录，保证了资金流与物流的同步记录和数据的一致性。从而实现了根据财务资金现状，可以追溯资金的来龙去脉，并进一步追溯所发生的相关业务活动，便于实现事中控制和实时作出决策。

（三）ERP 系统模块设计

1. 物流系统

物流系统包括销售管理、采购管理、库存管理三个模块，主要对企业日常的销售活动进行管理，帮助采购部门控制并完成采购商品，并控制和管理库存。这些模块间有良好的接口，可以从这些系统中获取或向这些系统输送数据，保持数据的一致性。

2. 生产制造系统

生产制造系统包括生产管理、成本管理、质量管理三个模块，主要对生产过程进行管理，帮助企业运用各种方法来降低成本并保证质量，以达到提高经济效益的目的。

3. 总账系统

总账系统不仅提供准确及时的账务信息，也能灵活处理多种行业不同组织形式及所有特殊的会计需求，同时提供跨国功能，如货币转换及账务处理，增值税、营业税等税种的处理。

4. 应收账款系统

应收账款系统的基本功能包括产生发票、收款处理和分析收款情况。应收账款的管理是一项相当繁杂的工作。系统可追踪客户的来款情况、拖欠情况，及时地提供客户的信用信息，同时还提供了账龄分析功能。从而大大提高了应收账款管理的效率，保障了企业的利益。

5. 固定资产管理系统

固定资产管理系统分别从编号、类别、所在部门、地点、原值、现值、折旧等方面对固定资产进行系统的管理。本系统可单独使用，也可与账务子系统集成，自动生成有关的记账凭证。

6. 人力资源管理系统

人力资源管理系统能帮助企业跟踪人力资源的各个方面，系统提供用户的许可权来支持所需的安全水平，从而保障了如工资率等敏感信息的保密性。该系统与账务系统、收付款系统、生产制造系统、购销链系统集成一体、数据共享。

7. 客户服务管理系统

客户服务管理系统具有客户需求处理、流程跟踪系统、客户信息管理、产品知识系统、售后质量控制、销售业务支持和市场分析研究功能。

8. 系统权限管理信息功能

所有的人员权限按部门等级划分、岗位等级划分。系统最高权限的设置由用户自定义，权限的修改只能由操作员的上级主管来做，同级人员不能相互修改、查看，无权修改其他部门人员的权限。

（四）ERP 的实施

ERP 项目是一个庞大的系统工程，不是有钱买来软件就可以的。ERP 更多的是一种先进的管理思想，它涉及面广，投入大，实施周期长，难度大，存在一定的风险，需要采取科学的方法来保证项目实施的成功。一般在实施中需要注意以下问题。

1. 最高决策者和全体员工的参与

ERP 的实施关系到企业内部管理模式的调整，业务流程的变化及大量的人员变动，没有企业领导的参与将难于付诸实践。但同时 ERP 是企业级的信息集成，没有全体员工的参与也是不可能成功的。

2. 知识更新

ERP 是信息技术和先进管理技术的结合，无论是决策者、管理者还是普通员工都要掌握计算机技术、通信技术，并将之运用到现代企业的管理中去。

3. 规范化的数据

ERP 系统实现了企业数据的全局共享，作为一个管理信息系统，它处理的对象是数据。数据规范化是实现信息集成的前提，在此基础上才谈得上信息的准确、完整和及时。很多企业在基础数据的准备上很难投入足够的精力，结果是"输入了一堆垃圾，最后输出的还是垃圾"。所以实施 ERP 必须要花大力气准备基础数据。比如产品数据信息、客户信息、供应商信息等进行合理编码。

4. 业务流程重组和机构重组

ERP 是面向工作流的，它实现了信息的最小冗余和最大共享。传统需要几个步骤或几个部门来完成的任务，在实施 ERP 系统之后可能只需要一次便能完成了。因此企业要让 ERP 系统发挥作用，有必要在业务流程和组织机构方面进行重组，以使之符合 ERP 的实施要求。

5. 建立项目管理体系

ERP 项目是一个具有系统复杂、实施难度大、应用周期长等特点的企业管理系统工程，因此，企业在 ERP 应用过程中，必须从系统工程和科学管理的角度出发，建立健全工程项目管理体系和运作机制，确保 ERP 项目的成功实施。

6. 加强培训，提高认识

培训是成功实施 ERP 系统的重要因素。ERP 项目培训的主要目的是改变思想、提高认识。思想不统一绝不能进入实施阶段。为了增加人们对 ERP 相关知识的了解和规范管理人员的行为方式，要通过培训使各级管理人员不仅明确什么是 ERP，它的实施将给企业带来哪些变化，并明确实施 ERP 后各个岗位的人员如何适应新的工作方式。

（五）ERP 的优点

1. 即时性

在当今信息社会里，不仅要知己知彼，还要贵在"即时"，能否如此，其效果迥异。在 ERP 状态下，资料是连动而且是随时更新的，每个有关人员都可以随时掌握即时的资讯。

2. 集成性

在 ERP 状态下，各种信息的集成将为决策科学化提供必要条件。ERP 把局部的、片面的信息集成起来，轻松地进行衔接，使预算、规划更为精确，控制更为准确，也使得实际发生的数字与预算之间的差异分析、管理控制更为容易与快速。

3. 远见性

ERP 系统的会计子系统，集财务会计、管理会计、成本会计于一体，又与其他子系统融合在一起，这种系统整合及其系统的信息供给，有利于财务作前瞻性分析与预测。

（六）ERP 的发展趋势

目前的 ERP 也还有不足之处有待完善。一方面，ERP 本身注重的是供应链内部的管理和协调，没有考虑供应链以外的客户需求，众多的其他客户或伙伴目前还不能进入供应链内部进行交易；另一方面，ERP 对于客户关系的管理还比较薄弱，此外，对于网上销售技术，目前的功能也比较简单。

2000 年 Gartner Group 公司分析员提出 ERPⅡ 的协同商务（Collaborative Commerce）观念。现在 ERP 系统的供应商在努力开发新的软件模块，要将 ERP 作为全面集成供应链系统的核心模块，并连接更广泛的供应链。在传统的 ERP 系统上外挂了一些独立模块或第三方软件，来构建虚拟社区、虚拟企业、网上商店、在线交易、员工自助服务等功能，逐步向协同商务的方向发展。

21 世纪信息技术的发展对未来制造业影响会更大，ERP 系统将向提供更好、更先进，集管理、信息和技术为一体的企业全面集成系统发展。

五、客户关系管理

（一）客户关系管理的定义

最早发展客户关系管理的国家是美国，在 1980 年年初便有所谓的"接触管理"（Contact Management），即专门收集客户与公司联系的所有信息；1985 年，巴巴拉·本德·杰克逊提出了关系营销的概念，使人们对市场营销理论的研究又迈上了一个新的台阶；到 1990 年则演变成包括电话服务中心支持资料分析的客户关怀（Customer Care）。1999 年，高德纳咨询（Gartner Group Inc）公司提出了 CRM 概念。如今随着 IT 的参与，CRM 已经成为管理软件、企业信息化解决方案的一种类型，是企业信息管理系统的前台技术。

关于客户关系管理（Customer Relationship Management，CRM）的定义，不同的研究机构有着不同的表述。最早提出该概念的高德纳（Gartner Group）认为：所谓的客户关系管理就是为企业提供全方位的管理视角；赋予企业更完善的客户交流能力，最大化客户的收益率。

赫尔维茨集团（Hurwitz Group）认为 CRM 既是一套原则制度，也是一套软件和技术。它的目标是缩减销售周期和销售成本、增加收入、寻找扩展业务所需的新的市场和渠道，以及提高客户的价值、满意度和忠实度。

而 IBM 则认为：客户关系管理包括企业识别、挑选、获取、发展和保持客户的整个商业过程。

还有人认为 CRM 是将市场营销的科学管理理念通过信息技术的手段集成在软件上面，得以在全球大规模地普及和应用。作为解决方案的 CRM，它集合了当今最新的信息技术，它们包括 Internet 和电子商务、多媒体技术、数据仓库和数据挖掘、专家系统和人工智能、呼叫中心等。

综上所述，CRM 的核心思想就是：客户是企业的一项重要资产，客户关怀的目的是与所选客户建立长期和有效的业务关系，从而最大限度地增加利润和利润占有率。CRM 的核心是客户价值管理，通过一对一的营销原则，满足不同价值客户的个性化需求，提高客户忠诚度和保有率，实现客户价值持续贡献，从而全面提升企业盈利能力。

（二）客户关系管理产生的原因

1. 企业内在需求的拉动

目前，很多企业在信息化方面已经做了大量工作，收到了很好的经济效益。但是，在很多企业，销售、营销和服务部门的信息化程度越来越不能适应业务发展的需要，越来越多的企业要求提高销售、营销和服务的日常业务的自动化和科学化。这是客户关系管理应运而生的需求基础。

(1) 销售需求。销售人员发现从市场部提供的客户线索中很难找到真正的顾客，常常在这些线索上花费大量时间；出差在外，没有办法看到公司电脑里的客户、产品信息；面对一个老客户，如何给他报价才能留住客户。

(2) 营销需求。营销人员也面临一系列困境，急需解决：如何知道营销资金的回报率？怎么利用收集的客户资料？谁是真正的潜在购买者？怎么才能知道其他部门的同事和客户的联系情况，以防止重复地给客户发放相同的资料？有哪些人访问过公司的站点？

(3) 顾客服务需求。客户服务人员发现其实很多客户提出的问题都可以自己解决，但回答这种类型的客户电话占去了工程师的很多时间；顾客发现从公司两个销售人员那里得到了同一产品的不同报价；已经提出不希望再收到大量的宣传邮件，但是情况依然没有改变，等等。

(4) 管理需求。经理人员发现客户马上就要来谈最后的签单事宜，但一直跟单的人辞职了，所以对与这个客户联系的来龙去脉一无所知；如果有多个销售员和同一家客户联系过，无法完整知道他们都给客户承诺过什么，等等。

以上各个层次的需求首先说明企业的销售、营销和客户服务部门难以获得所需的客户互动信息。其次来自销售、客户服务、市场、制造、库存等部门的信息分散在企业内，这些零散的信息使得无法对客户有全面的了解，各部门难以在统一的信息的基础上面对客户。这需要各部门对面向客户的各项信息和活动进行集成，实现对面向客户的活动的全面管理。

2. 技术的推动

如果你家门口有个小吃店，老板会努力记住你喜欢吃辣这种信息，当你要一份炒面时，他会征询你的意见，要不要加辣椒。但如果你到一个大型的快餐店（譬如这家店有 300 个座位）时，就不会得到这种待遇了，即使你每天都去一次。为什么呢？最重要的原因是，如果要识别每个客户，快餐店要收集和处理的客户信息量是小吃店的几十倍，超出了企业的信息收集和处理能力。

办公自动化程度、员工计算机应用能力、企业信息化水平、企业管理水平的提高都有利于客户关系管理的实现。很难想象，在一个管理水平低下、员工意识落后、信息化水平很低的企业从技术上实现客户关系管理。数据仓库、商业智能、知识发现等技术的发展，使得收集、整理、加工和利用客户信息的质量大大提高。

技术的发展，使得围绕客户的管理活动得以展开，将对客户的尊重落到实处：企业的客户可通过电话、传真、网络等访问企业，进行业务往来；任何与客户打交道的员工都能全面了解客户关系、根据客户需求进行交易、了解如何对客户进行纵向和横向销售、记录自己获得的客户信息；系统用户可不受地域限制，随时访问企业的业务处理系统，获得客户信息；能够从不同角度提供成本、利润、生产率、风险率等信息，并对客户、产品、职能部门、地理区域等进行多维分析。

案例：

美国最大的超市沃尔玛，在对顾客的购买清单信息的分析表明，啤酒和尿布经常同时出现在顾客的购买清单上。原来，美国很多男士在为自己小孩买尿布的时候，还要为自己带上几瓶啤酒。而在这个超市的货架上，这两种商品离得很远，因此，沃尔玛超市就重新分布货架，即把啤酒和尿布放得很近，使得购买尿布的男人很容易地看到啤酒，最终使得啤酒的销量大增。这就是著名的"啤酒与尿布"的数据挖掘案例。

3. 管理理念的更新

技术带来的不仅是一种手段，它触发了企业组织架构、工作流程的重组及整个社会管理思想的变革。市场经济的观念已经深入人心，一些先进企业的重点正在经历着从以产品为中心向以客户为中心的转移。企业逐渐认可双赢的观念，致力于与客户建立共同获取价值的关系，而不是千方百计地单方面从客户身上谋取自身的利益。

（三）客户关系管理体系结构

1. CRM 的系统结构模型

CRM 系统能实现对客户销售、市场、支持和服务的全面管理，能实现客户基本数据的记录、跟踪，客户订单的流程追踪，客户市场的划分和趋势研究，以及客户支持服务情况的分析，并能在一定程度上实现业务流程的自动化。一般来说，整个 CRM 系统可分为三个层次：界面层、功能层和支持层。

（1）界面层。界面层是 CRM 系统同用户或客户进行交互、获取或输出信息的接口。通过提供直观的、简便易用的界面，用户可以方便地操作。

（2）功能层。功能层由执行 CRM 系统基本功能的各个功能模块构成，包括营销自动化、客户服务与支持、辅助决策等，各功能模块又包含若干业务。

（3）支持层。支持层则是指 CRM 系统所用到的数据库管理系统、操作系统、网络通信协议等，是保证整个 CRM 系统正常运作的基础。

2. CRM 的功能结构

CRM 的功能结构可以归纳为三个方面：对销售、营销和客户服务三部分业务流程的信息化，这是操作层次子系统；与客户进行沟通所需要的手段（如电话、传真、网络、E - mail 等）的集成和自动化处理，这是协作层次子系统；对上面两部分功能所积累下的信息进行加工处理，产生客户智能，为企业的战略战术的决策作支持，这是分析层次子系统。如图4-2所示。

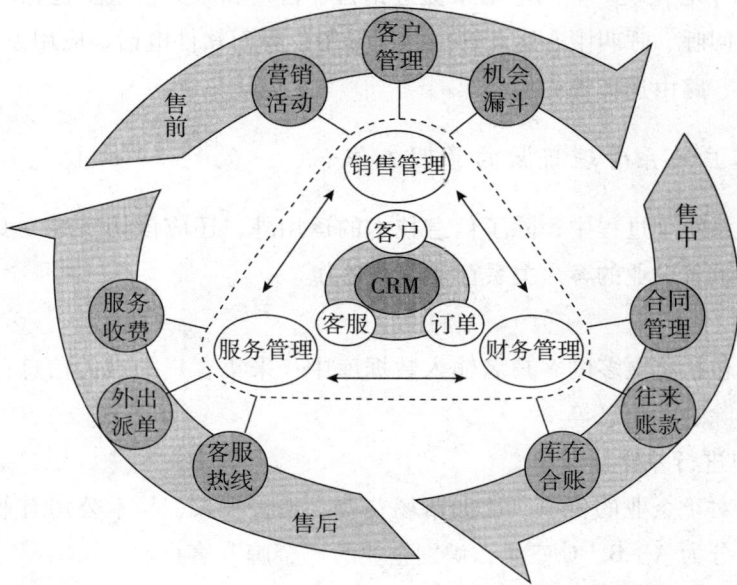

图4-2 CRM的功能结构

主要子模块及功能如下。

（1）销售模块。

①销售。销售是销售模块的基础，用来帮助决策者管理销售业务，包括的主要功能是额度管理、销售力量管理和地域管理。

②现场销售管理。为现场销售人员设计，主要功能包括联系人和客户管理、机会管理、日程安排、佣金预测、报价、报告和分析。

③现场销售/掌上工具。可以进行报价生成、订单创建、联系人和客户管理等工作。

④电话销售。还有一些针对电话商务的功能，如电话路由、呼入电话屏幕提示、潜在客户管理及回应管理。

⑤销售佣金。允许销售经理创建和管理销售队伍的奖励和佣金计划，并帮助销售代表形象地了解各自的销售业绩。

（2）营销模块。对直接市场营销活动加以计划、执行、监视和分析，使得营销部门实时地跟踪活动的效果，执行和管理多样的、多渠道的营销活动；还可帮助营销部门管理其营销资料。

（3）客户服务模块。提高那些与客户支持、现场服务和仓库修理相关的业务流程的自动化并加以优化。可完成现场服务分配、现有客户管理、客户产品全生命周期管理、服务技术人员档案、地域管理等；创建和管理客户服务合同，从而保证客户获得的服务的水平和质量；允许客户记录并自己解决问题，如联系人管理、客户动态档案等。

（4）呼叫中心模块。利用电话来促进销售、营销和服务，主要包括呼入呼出电话处理、互联网回呼、呼叫中心运营管理、图形用户界面软件电话、应用系统弹出屏幕、呼叫电话转移、路由选择等。

（四）客户关系管理日常的管理工作

在客户关系管理过程中，除了信息技术的运用外，还应该切实地改变企业日常的管理工作，为改善企业的客户关系管理作出努力。

1. 识别客户

识别客户包括将更多的客户名输入数据库中；采集客户的有关信息；验证并更新客户信息，删除过时信息等。

2. 对客户进行差异分析

根据客户对于企业的价值，比如市场花费、销售收入、与本公司有业务往来的年限等，把客户分为 A、B、C 三类，识别企业的"金牌"客户。

3. 与客户保持良性接触

保证客户和企业的交流通道通畅，改善对客户抱怨的处理，主动和客户对话，通过信息技术的应用使得客户与企业的交易更为方便。

4. 调整产品或服务以满足每一个客户的需求

了解客户希望以怎样的方式、怎样的频率获得企业的产品和信息，提供更完善的个性化服务。

六、供应链管理

（一）供应链的概念

供应链管理（Supply Chain Management，SCM）最早起源于迈克·波特提出的"价值链（Value Chain）"概念，他倡导运用价值链进行战略规划和管理，以帮助企业构筑核心竞争力，获取并维持竞争优势。

美国的供应链协会将供应链管理定义为："包括从供应商的供应商开始到客户的客户结束所有涉及产品生产和供给的活动。"

日本学者认为："供应链是跨越企业边界，作为一个完整的流程来共享经营资源和信息，以整体化为目标，彻底消除流程中浪费的管理技术。"

国内著名学者马士华认为："供应链是指产品生产和流通过程中所涉及的原材料供

应商、生产商、批发商、零售商直至消费者所组成的供需网络，即由物料获取、加工，并将成品送到消费者手中这一过程所涉及的企业和企业部门所组成的网络。供应链管理是一种集成的管理思想和方法，是对整个供应链进行计划、组织、控制和实施。"

综上所述，供应链管理是用系统的观点对供应链中的物流、资金流和信息流进行计划、组织、控制和优化，以寻求建立供、产、销企业及客户间的战略合作伙伴关系，最大限度地减少浪费，实现整体效率最优化，最大限度地满足顾客需求。

（二）供应链的结构

传统的供应链是由一些独立的企业实体构成的，局限于企业的内部操作，注重企业自身的利益目标。在有限的信息交换前提下，供应商和客户难以建立良好的合作伙伴关系，增加了对供应商管理的复杂度。现代的供应链概念已经将注意力转移到了与其他企业的联系和供应链的外部环境上，倾向于将供应链定义为一个通过链中不同企业的制造、组装、分销、零售等过程，将原材料转换成产品，销售给最终用户，形成了一个范围更大、更系统的概念。

一个企业有一个流向下游客户的需求链和一个从上游企业流下的原材料供应链。企业如果期望能更有效地运作和保护竞争力，就必须有效地管理企业的供应商和客户。供应链结构如图4-3所示，包括核心企业与供应商、供应商的供应商及用户、用户的用户，它们之间的物流、资金流、信息流和知识流的交互作用。

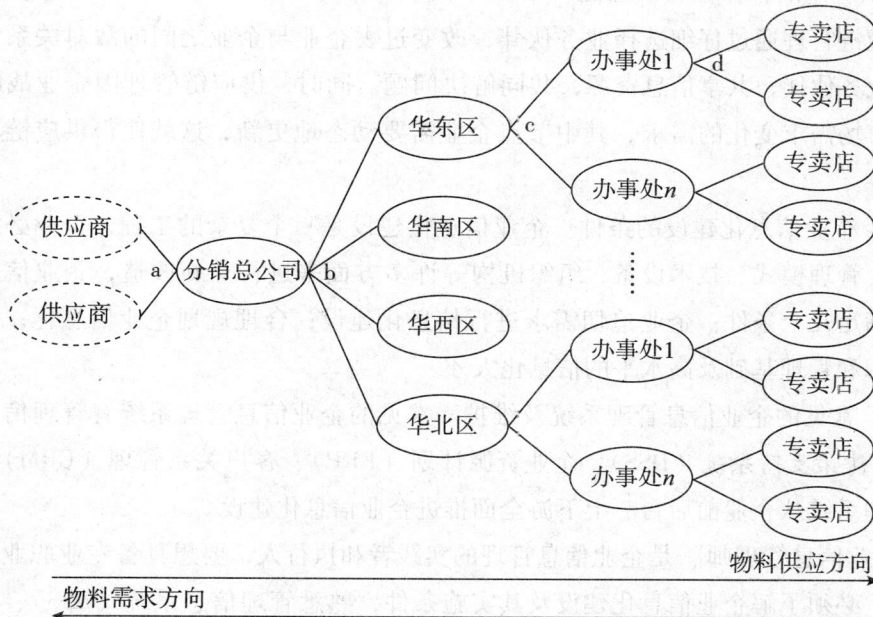

图4-3 供应链结构

（三）供应链的特点

1. 供应链结构的完整性

供应链是一个整体，不是由采购、制造、分销和销售等构成的一些分离的功能块。为了有助于整体运作，供应链在财务评估方面，体现的是供应链中所有企业的整体和共赢利益，而非个别企业，即局部利益。

2. 供应链管理强调战略

战略决策的出发点是为满足消费者需求和偏好。供应链管理强调基于最终消费者对成本、质量、交货速度、快速反应等多种要求，建立整个供应链的共同目标和行动方案。

3. 供应链主体的独立性

供应链各个主体成员均具有独立的自身利益，具有致力于开发核心竞争能力，追求企业利润最大化的基本要求，但在供应链环境下，这种利益最大化要求必须通过供应链系统目标的一致性来实现。

4. 供应链功能的关联性

供应链是企业内部、企业之间业务流程等的集成运作过程，它包括了企业工作流和业务流，供应链中的供应、运输、仓储、配送、结算、信息等功能相互关联，并影响供应链运作效率和效益。

5. 供应链的合作性和动态性

供应链管理通过仔细选择业务伙伴，改变过去企业与企业之间的敌对关系为紧密合作的业务伙伴，共享信息资源，共同解决问题。同时，供应链管理因企业战略及企业适应市场需求变化的需求，其中节点企业需要动态地更新，这就使得供应链具有明显动态性。

（1）企业信息化建设的条件。企业信息化建设是一个复杂的工程，企业必须从思想观念、管理模式、技术设备、组织机构等许多方面来进行全新改造，企业信息化建设必须满足几个条件：企业迫切需求进行信息化建设；合理规划企业信息化；具备一定的技术和管理基础及高水平的信息化人才。

（2）常见的企业信息管理系统及维护。常见的企业信息管理系统有管理信息系统（MIS）、决策支持系统（DSS）、企业资源计划（ERP）、客户关系管理（CRM），这些信息管理系统从企业前后台、上下游全面推进企业信息化建设。

"企业信息管理师"是企业信息管理的实践者和执行人，要想具备专业职业人的职业能力，必须了解企业信息化建设及其实施条件，熟悉管理信息系统（MIS）、决策支持系统（DSS）、企业资源计划（ERP）、客户关系管理（CRM）等，从而在将来工作过程中能够推进企业信息化建设和维护企业信息管理系统。

案例：

戴尔是大家所熟知的"网上直销"型电子商务企业。戴尔的每一个产品都是有订单的，它通过成熟网络，每20秒钟就整合一次订单。戴尔利用企业间电子商务，当客户把订单传至戴尔信息中心，由控制中心将订单分解为子任务，并通过 Internet 和企业间信息网分派给上游配件制造商。各制造商按电子订单进行配件生产组装，并按控制中心的时间表供货。

戴尔直销的电子商务模式通过网络连接用户，大力推进供应链系统的建立，以具有充分个性化的产品和特色服务拢住新老客户和潜在用户，以及供应商和采购商，提供完善的服务，并为企业节约了在生产销售环节的各项成本，提高了企业竞争能力，使其在激烈的市场竞争中取得了优势地位。

小组讨论：

1. 电子商务是什么？
2. 企业应该如何将电子商务和企业信息管理结合起来？
3. 企业电子商务运作的主要任务有哪些？

七、电子商务

（一）电子商务的概念及分类

从 20 世纪 60 年代后期起，电子商务就已经以多种形式活跃在商用舞台上。电子商务正以无可比拟的优势和不可逆转的趋势改变了商务活动的运作模式，对企业的经营方式、支付手段和组织形式提出了强有力的挑战，电子商务已经渗透到企业经营活动之中，对企业的信息管理工作产生了重大影响。

1. 电子商务的含义

电子商务是指利用任何信息和通信技术进行任何形式的商务或企业的管理运作或进行信息交换，其目标在于满足企业与顾客的要求，降低成本、增强商品和服务质量。

电子商务从某种意义上来说是商务活动的电子化手段，是企事业提高销售额和降低交易成本、寻找商业机会和提高交易率、提升企业品牌和提供更有效的服务、整合企业内部资源和减少中间环节及降低库存的解决方案。

2. 电子商务的类型

电子商务按电子商务交易涉及的对象、电子商务交易所涉及的商品内容和进行电子业务的企业所使用的网络类型等对电子商务进行不同的分类。

（1）按参与交易的对象分类，电子商务可以分为以下三种类型。

①企业与消费者之间的电子商务（Business to Customer，B to C）。这是消费者利用因特网直接参与经济活动的形式。随着万维网的出现，网上销售迅速地发展起来。目前，因特网上有许许多多各种类型的虚拟商店和虚拟企业，提供各种与商品销售有关的服务。

②企业与企业之间的电子商务（Business to Business，B to B）。B to B方式是电子商务应用中最受企业重视的形式，企业可以使用Internet或其他网络对每笔交易寻找最佳合作伙伴，完成从定购到结算的全部交易行为，包括向供应商订货、签约、接受发票和使用电子资金转移、信用证、银行托收等方式进行付款，以及在商贸过程中发生的其他问题如索赔、商品发送管理和运输跟踪等。企业对企业的电子商务经营额大，所需的各种硬软件条件较复杂。

③企业与政府之间的电子商务（Business to Government，B to G）。这种商务活动覆盖企业与政府组织间的各项事务。例如企业与政府之间进行的各种手续的报批，政府通过因特网发布采购清单、企业以电子化方式响应；政府在网上以电子交换方式来完成对企业和电子交易的征税等，这成为政府机关政务公开的手段和方法。

（2）按交易涉及的商品内容分类，电子商务主要包括两类商业活动。

①间接电子商务。间接电子商务涉及的商品是有形货物的电子订货，如鲜花、书籍、食品、汽车等，交易的商品需要通过传统的渠道如邮政业的服务和商业快递服务来完成送货。

②直接电子商务。直接电子商务涉及的商品是无形的货物和服务，如计算机软件、娱乐内容的联机订购、付款和交付，或者是全球规模的信息服务。直接电子商务能使双方越过地理界限直接进行交易，充分挖掘全球市场的潜力。

（3）按电子商务使用的网络类型分类，电子商务可以分为如下三种形式。

①EDI网络电子商务，即电子数据交换（Electronic Data Interchange）。EDI主要应用于企业与企业、企业与批发商、批发商与零售商之间的批发业务。EDI电子商务在20世纪90年代已得到较大的发展，技术上也较为成熟，但是因为开展EDI对企业有较高的管理、资金和技术的要求，因此至今尚不太普及。

②因特网电子商务，即网络（Internet）。是指利用连通全球的Internet网络开展的电子商务活动，在因特网上可以进行各种形式的电子商务业务，所涉及的领域广泛，全世界企业和个人都可以参与，正以飞快的速度在发展，其前景十分诱人，是目前电子商务的主要形式。

③Intranet网络电子商务。是指在一个大型企业的内部或一个行业内开展的电子商

务活动，形成一个商务活动链，可以大大提高工作效率和降低业务的成本。例如，中华人民共和国专利局的主页，客户在该网站上可以查询到有关中国专利的所有信息和业务流程，这是电子商务在政府机关办公事务中的应用。

案例：

根据艾瑞咨发布的《2009—2010 年中国中小企业 B to B 电子商务行业发展报告》研究显示，2009 年中国中小企业 B to B 电子商务交易规模达 1.86 万亿元，同比增长 18.5%。艾瑞咨询分析认为，金融危机提高了中小企业利用电子商务的意识，一方面，利用电子商务服务的中小企业的数量在增加；另一方面，部分原有使用电子商务服务的中小企业加大了其在电子商务方面的投资力度。双重因素促使 2009 年中小企业 B to B 电子商务交易规模稳定上升。

（二）电子商务对企业管理的影响

随着互联网技术的不断发展与完善，以及世界经济的迅猛发展，我国大部分企业正在尝试开展电子商务，企业逐渐认识到在企业管理中采用电子商务对企业产生的巨大影响。

1. 电子商务的发展优化了企业管理思想观念

电子商务及技术改变了人们的消费方式，跨越了时空界限，消费者可以直接面对企业，这使得企业必须树立全球化和标准化的理念；电子商务技术的应用改变了传统的主要以纸质媒介传递信息的方式，所以企业要适应时代的变化必须树立快速反应、时时创新的思想；电子商务大大增强了企业获取知识、应用知识的能力，企业员工可以借助网络收集到企业所需的有用信息和知识，并且进行传播与交流，企业可以通过建立完善的知识数据库，加快企业共享、交流和利用知识的速度，所以企业必须建立起注重知识的观念。

2. 电子商务提升了企业管理方式

随着电子商务的兴起与发展，企业在管理方式、方法方面实现了新的突破，电子商务使企业管理的采购、生产、财务、营销等各个方面的许多传统的管理方式、方法得到升级，衍生出许多新的管理方式、方法。

（1）企业采购管理方面。应用电子商务采购是降低企业成本的一个很好的方法。它使企业的采购扩大到最大范围，使企业可以在最大范围选择供应商，更有利于找到最合适的合作伙伴，购买到更适合企业的原材料和零部件，从而大大降低采购的交易费用，提高采购商品质量，优化存货管理，进一步提高采购效率，进而使企业的采购方式和采购组织发生相应的改变。

（2）生产管理方面。电子商务促使企业出现了现代化的低库存生产、数字化定制生产等先进的管理方法。低库存生产主要因为利用电子商务可以实现快速地了解市场需求，对市场的反馈结果作出最快反应，同时利用网络使企业迅速了解其竞争企业的最新动态，从而对企业的产品与服务作出改良。在网络技术、信息技术、管理技术广泛应用的基础上，企业以单个顾客为目标，最大限度地满足顾客的个性化需求。

（3）企业财务管理方面。传统的财务管理是对已有的财务资料进行处理，是事后处理，它是传统财务管理最基本的特点，而且对财务的处理只是单机的、封闭的、静态的。电子商务的出现使得财务管理向财务核算动态化、实时化、远程化，并且向经营过程的财务管理方向发展。从单机、封闭式的财务资料处理方式向联网的、集成化的财务资料处理方式发展。从内部的、独立的职能管理向开放的、协同的集成管理方向发展。互联网的发展与普及使得财务信息和其他业务信息相互连接，彼此共享，从而实现了财务信息和经营信息的协同。

（4）市场营销管理方面。电子营销是电子商务的重要组成部分和表现形式。电子营销是借助于互联网技术的一种新型的营销方式，其本质是排除或减少障碍，通过网络引导商品或服务从生产者转移到消费者的过程，它是新经济的必然产物。新的国际市场经营环境要求企业竞争是一种以顾客为焦点的竞争形态。与分布在全球各地的顾客保持紧密的联系，准确地掌握顾客的特性，建立起顾客对虚拟企业与网络营销的信任感是企业电子营销成功的关键。企业制作出符合顾客个性化需求的产品，使企业服务推向个人，提升顾客的满意度，也是使企业提高竞争力，扩大市场占有范围的必要手段，定制销售将成为电子营销的发展趋势，其变化的结果将可能导致大众市场的逐步终结，最终将会以每个用户的需求来组织生产和销售。

（5）企业人力资源管理方面。企业可以通过电子商务方式进行人才招聘，利用企业网站全天候发布用人资讯，随时面试合适人选应聘，大大降低人才招聘的开支，提高招聘的效率，而且人才的招聘范围将不再受地域的限制，更有助于公司选择出合适的人才。同时，企业内部员工可以直接通过内部网进行交流和沟通，比过去更加方便。信息、知识资源得以分享以后，员工之间相互信任、相互学习、相互交流的气氛会不断增加，增强了员工的归属感、使命感，建立起健康的企业文化。实施电子化人力资源管理后，企业将成为员工学习知识、发展自我、实现人生价值的平台，而不再是麻木地束缚个人自由发展的流水生产线。

八、电子商务条件下的企业信息管理

企业电子商务运作以信息管理为主，信息传递突破传统单向一对一的传播方式，实现了信息的双向多对多传递。公司内所有成员都可以通过网络访问企业的内部信息网和数据库；企业中的管理人员能够获得更多信息，加强他们在企业决策中的作用，从而提高整个企业的决策水平；而且企业应用电子商务可使经营活动不再受时间、空间的限制，使企业成为无边界的虚拟企业，企业内部要素的组合或不同企业之间的要素组合，实现了企业间合作效果最优化，真正做到资源共享、优势互补、利益共享，从而提高核心竞争力。如何对企业电子商务运作数据进行管理、分析乃至生成有价值的决策信息，就成为一项重要的信息管理工作。

（一）构建电子商务下的企业信息资源管理机制

1. 企业对企业的信息资源管理

企业与企业之间的电子商务是电子商务业务的主体，约占电子商务总交易量的90%，所以，要注重对合作伙伴信息资源的收集。企业生产经营所需要的原材料、辅助材料、设备、动力等物资资料的提供部门都是企业的合作伙伴，来自这些领域的信息均在一定程度上影响和制约了企业的生产经营行为。因此，企业都必须关注这类信息，加强对这类信息的收集和管理。

2. 企业对消费者的信息资源管理

从长远来看，企业对消费者的电子商务将最终在电子商务领域占据重要地位。随着生产的扩大，社会产品日趋丰富，市场竞争日益加剧，在此情况下，顾客选择的空间显著增大，客户需求越来越呈现出个性化特征。企业经营的管理理念由过去的"以产品为中心"转变为"以客户为中心"；生产管理也从"推式"模型向"拉式"模型转变，即企业生产首先是由客户的需求和交易信息所拉动的。这种生产经营管理理念的变化，更加突出了企业对客户的信息资源管理。Internet 技术的出现和电子商务的兴起，使得这种"以客户为中心"的经营理念变得更加现实和可行。

3. 企业内部的信息资源管理

企业和客户的信息资源管理都属于企业外源信息的管理，这类信息资源的管理必须与企业内源信息的管理相结合，或者说外源信息的管理必须建立在内源信息管理的基础上。企业内部信息的有序流动是企业信息管理的核心，是企业物流、资金流的基础和前提，是企业对外输出信息的主要来源。因此，必须加强对企业内部信息资源的管理。

案例：

海尔是我国企业全面实施电子商务运作的典型，网络技术不仅应用于客户服务，而且也充分应用于企业内部管理及海尔与供应商、零售商之间的合作。

海尔在家电企业中率先推出电子商务开放式平台：B to B 采购和 B to C 系统对外运

行。在海尔的网站上，除了推出产品的在线订购销售外，最大的特色就是面对用户的四大模块：个性化定制、产品职能导购、新产品在线预订、用户设计建议，这些模块为用户提供了独到的信息服务，并使网站真正成为与用户保持零距离的平台。B to C 业务推出了几百种产品在网上直接销售，B to B 合作把海尔与分销商更紧密地结合在一起。

海尔集团获得可观的经济效益：通过纳入国际化供应商降低了采购成本；减少了库存资金；网上交易额大量增加；贯通了采购、设计、生产、销售、财务等部门，使得物流、资金流及所有的支持流程都同时准确到位。从海尔成功的经验，请思考：

（1）海尔对哪些信息资源进行了管理？

（2）海尔的电子商务运作对企业的信息化管理产生了什么影响？

（二）企业信息管理系统的新变化

发展电子商务对企业的信息管理工作提出更高的要求。在急剧演变的电子商务环境中，企业的信息管理工作和信息手段运用已超越传统意义上的辅助范畴，逐渐进入企业经营管理的核心领域。发挥电子商务的优势必须与企业信息管理相结合，企业信息管理系统也必须适应电子商务条件下企业资源管理的新变化才能更好地实行企业信息管理。

1. 电子商务对 SCM 的影响

电子商务技术的发展对供应链管理产生了巨大影响。电子商务环境下，供应链建立了一种跨企业的协作。电子商务下的供应链管理以中心制造厂商为核心，将上游供应商、下游经销商（客户）、物流服务商、零售商及往来银行进行垂直一体化的整合，消除了整个供应链上不必要的运作和消耗。这种管理方式大大提高了企业生产经营的运行效率，既不会造成原材料缺货或供应不足，也不会带来原材料的大量积压，实现合理的库存管理或零库存管理，从而节约了企业的经营费用，降低了成本，提高了经济效益。

电子商务下供应链管理的优势在于通过网络技术可以方便迅速地收集和处理大量信息，使供应商、制造商、销售商及时得到准确的数据，制订切实可行的需求、生产和供货计划，以利于供应链的组织和协调运作。采用电子商务，企业可以及时处理信息、跟踪客户订单执行、进行有效的采购管理、存货控制及物流配送的服务，促进供应链向动态、柔性、虚拟、全球网络化方向发展，提供供应链的持续竞争优势。

2. 电子商务对 CRM 的影响

在电子商务环境下，企业对客户的信息资源管理，主要是在 Intranet 操作平台上，运行 CRM 系统。这对提供企业内部人员信息资源共享，加强与客户的实时互动及降低沟通成本起到巨大促进作用。电子商务对客户关系管理的影响主要体现在以下几方面。

（1）提高客户的满意度。企业工作人员由于对客户更全面的了解，对各种客户服务请求反应更加快速，减少了客户的等待时间；客户可以不受时间限制，提高了客户进行各种查询、交易活动的灵活性；提供了多种联系方式如网络、电话、传真等，客户可以根据喜好和实际情况自行选择。

（2）提高客户的忠诚度。这是客户关系管理追求的关键目标，也是最难的一个要求。在这个方面，电子商务所作出的贡献并不是直接体现于技术的应用，而是通过客户满意度的提高来扩展客户忠诚度的深度。

（3）加快信息反馈速度。基于因特网的电子商务使得客户同企业之间的联系非常密切，交互性也大大提高，因此信息在企业同客户之间、企业内部部门与部门之间都能迅速进行传递，实现共享，客户信息反馈比以前提高了几倍。而且客户与企业任一个部门打交道都能得到一致的信息。

（4）改善企业与客户的关系。电子商务采用后，企业与客户的距离大大缩短了，实现了一对一的营销，从而使企业与客户之间的关系得到极大改善。

3. 电子商务对 ERP 的影响

随着计算机网络技术的飞速发展及电子化管理思想的出现，ERP 也必须不断地调整，以适应电子商务时代的变革，具体表现如下。

（1）企业对外接口界面大大拓展。传统的系统一般只能提供电脑终端给系统使用者，而电子商务时代的终端可以是多种多样的，除了固定的或可以移动的电脑之外，还有更广泛的各类数字终端。这就要求企业的信息系统能很好地利用这些资源，更方便系统用户的使用。

（2）企业的运作方式大为改观。由于 Internet 大大缩小了时间和空间的距离，企业内部部门和员工之间的沟通模式有了很大的变化。在内部工作和业务流程的控制方面，企业将会主动地采用电子商务模式进行交流。无论该项业务涉及的员工或经理是否在同一物理位置或网络上，业务的处理将会同样顺利进行。例如，传统的管理系统模式下，一个财务或采购单据的审批，如果审批人出差在外，只有等待他回来才能完成。有了电子商务模式，即使出差，也可以通过网络审批这个单据，而不必延误业务。

（3）企业管理内涵进一步延伸。随着市场竞争日益激烈，不同企业的产品和服务本身已很难分出绝对优劣，而把客户、供应商及合作伙伴连成一体的供应链已经成为企业之间竞争的核心。从现代供应链管理的思想来看，与企业相关的供应商及客户都是 ERP 的组成部分。因而电子商务时代企业管理的内涵将得到进一步延伸，除了对传统的企业人事、财务、库存、销售、采购、生产等进行管理以外，还将整个企业价值链的客户关系管理、供应链管理、营销管理、跨企业物流网络管理等许多环节包含在管理范畴当中，从而扩大了集成范围。

九、企业电子商务方案设计

(一) 企业电子商务系统建设阶段

电子商务系统是商务与技术结合的产物，所以在电子商务应用的全过程中，都必须充分兼顾商务和技术两个方面的因素，以科学、合理的程序展开系统设计、建设和应用工作。如果按阶段划分，要实现电子商务应用，电子商务系统建设大致需要经过下列四个阶段。

1. 商务分析阶段

商务分析阶段是实现电子商务应用计划的第一步。这一阶段的工作主要是进行充分的商务分析，主要包括需求分析（企业自身需求、市场需求及客户需求等）和市场分析（市场环境、客户分析、供求分析和竞争分析等）两个方面。

在电子商务条件下，市场范围扩大，创新速度加快，竞争的压力越来越大，竞争的频率越来越高，因此必须对拟建的电子商务系统在未来可能面临的竞争尽可能作出分析，最大限度地避免竞争失利。此外，还要对企业自身状况进行分析，包括对企业组织、管理、业务流程、资源、未来发展的分析，等等。要结合电子商务的特点，从供应链的角度重新审视企业组织、管理与业务流程，寻找与电子商务的最佳结合部。

2. 规划设计阶段

在完成商务分析的基础上，在掌握电子商务最新技术进展的情况下，充分结合商务和技术两方面因素，提出电子商务系统的总体规划，提出电子商务系统的系统角色，提出电子商务系统的总体格局，亦即确定电子商务系统的商务模式，以及与商务模式密切相关的网上品牌、网上商品、服务支持和营销策略四个要素。

电子商务系统设计工作由此展开，也即从子系统、前台、后台、技术支持、系统流程、人员设置等各个方面全面构架电子商务系统。此阶段的工作完成的好坏，将直接关系到后续电子商务系统建设和将来电子商务系统运行和应用的成功与否。

3. 建设变革阶段

这个阶段的工作分为两条线：一条线是按照电子商务系统设计，全面调整、变革传统的组织、管理和业务流程，以适应电子商务运作方式的要求；另一条线是按照电子商务系统设计，全面进行计算机软硬件配置、网络平台建设和电子商务系统集成，完成电子商务系统技术支持体系的建设，从技术上保障电子商务系统的正常运作。

4. 整合运行阶段

建设变革阶段完成后，就可以将经过变革的组织、管理和业务流程，与已经建好的电子商务技术平台整合起来，进行电子商务系统的试运行。再经过必要的调整、改进以后，实现电子商务应用的工作就可以进入整合运行阶段，开始实现电子商务应用。

企业电子商务系统建设绝不是一旦建成就可以一劳永逸的事情，必须在系统应用的过程中，根据企业商务和网络技术等各个方面的变化，不断创新、改进、完善，确保和提高企业电子商务系统的竞争能力。

案例：

康柏是 20 世纪末 PC 电脑行业中的老大，在其前任总裁埃克哈德·皮费佛执掌康柏最后的几年里，康柏受到来自戴尔等新兴 PC 厂商的竞争挑战越来越严峻。当时皮费佛心中一直有一个理念，那就是不惜一切代价保持康柏在市场中的霸主地位。1998 年年底，康柏宣布了它的进攻型战略，就是要实施电子商务计划。当时，戴尔的电脑直销模式已经相当完善，康柏传统分销网络不但复杂而且难以控制；启动电子商务计划后，康柏采用传统分销和网上直销两种模式，而且有些产品只在网上推出，有些产品网上销售价格和传统分销商销售价格也有差距。本来以为，电子商务计划的启动会为康柏的销售注入活力，但是最后利润报告显示，比原先预测少了将近一半，公司股票也迅速下跌。请思考：

(1) 康柏电子商务运作失败的原因是什么？

(2) 电子商务系统建设要遵循什么流程？

（二）企业网站建设

目前，许多企业利用电子商务手段进行营销活动，网站建设成为企业电子商务运作的主要手段。相应地，企业自己的网站开发与网站内容的管理成为信息管理部门的一项重要工作。为了激发人们的交易欲望，使网络营销取得成功，网站内容必须包括尽可能详尽的、有吸引力的产品信息、相关新闻、用户评估意见等，而且必须经常更新，不断提高可靠性和准确性。对于不少企业的信息管理部门来讲，这是一项新的工作，意味着巨大的挑战。

CNNIC《第 24 次中国互联网络发展状况统计报告》表明：截至 2009 年 6 月，中国的网站数，即域名注册者在中国境内的网站数（包括在境内接入和境外接入）达到 306 万个，较 2008 年年末增长 6.4%。历年网站规模变化如下。

1. 企业网站建设的一般要素

企业网站是一个可以发布企业信息、提供顾客服务，以及在线销售的渠道；而在开发设计人员看来，企业网站无非是一些功能模块，通过网页的形式将前台和后台结合起来。一个完整的企业网站，无论多么复杂或多么简单，都要划分为四个组成部分：

结构、内容、功能、服务。这四个部分也就是组成企业网站的一般要素。

（1）网站结构。网站结构是为了向用户表达企业信息所采用的网站栏目设置、网页布局、网站导航、网址层次结构等信息的表现形式等。

（2）网站内容。网站内容是用户通过企业网站可以看到的所有信息，也就是企业希望通过网站向用户传递的所有信息。网站内容包括所有可以在网上被用户通过视觉或听觉感知的信息，如文字、图片、视频、音频等。一般来说，文字信息是企业网站的主要表现形式。

（3）网站功能。网站功能是为了实现发布各种信息，提供各种服务等必须的技术支持系统。网站功能直接关系到可以采用的网络营销方法及网络营销的效果。

（4）网站服务。网站服务即网站可以提供给用户的价值，如问题解答、优惠信息、资料下载等。网站服务是通过网站功能和内容而实现的。

2. 网站内容与技术整合

对于一个良好的电子商务网站而言，内容和技术同等重要，首先需要技术先行，然后终靠内容取胜，所以二者缺一不可，关键在于将技术与内容进行整合。技术人员在对网站进行建设的时候，企业会为技术人员提供大量的产品介绍、企业理念、营销活动等方面的原始资料，这些资料构成了网页设计的基础部分。但是，网页设计绝不是技术人员对资料的原始堆砌，而是应当在信息管理人员的参与下进行再加工。也就是说，要根据网站形象策划与宣传、文化理念传播与打造的需要，对相关信息，主要是文字和图片进行加工。

（1）网站内容合理适度。网站的内容应既能达到网站设计目标，又能满足用户的期望，并且应该及时更新。网站不能为了实现某一个功能或只注意美观，内容上泛泛而谈，那么客户就不能很好地了解产品和服务。网页的文本内容应简洁，过长的页面需要更多的下载时间并容易使用户感到不耐烦。此外，文字要正确，不能有语法错误和错别字。

（2）提供一些在线帮助功能。为了及时了解用户对网站的看法，可以在网站上提供网站所有者的电子邮件地址、网上论坛、网络会议等功能，让用户能够发表观点和进行讨论。比如用户输入查询关键字或者根据索引目录就可以获得企业所提供的在线帮助。

（3）避免过分使用新技术。有些设计人员为了展示自己的技术水平，在网站建设时采用许多新技术，甚至包括一些不成熟的技术。新技术可能吸引一小部分的技术工作者，但大多数用户更加关心的是网站的内容是否具有价值，是否能够为他们提供有效的服务。过分使用新技术常常会造成系统的不稳定，使用户丧失对网站的信心。

3. 网站维护

网站建设并不是一劳永逸的，建好网站后信息管理部门还需要精心运营才会发挥成效。大致说来，企业网站建好之后，要做好以下几个方面的工作。

（1）网站内容的维护和更新。网站的信息内容应该适时地更新，如果现在客户访问企业的网站看到的是企业去年的新闻或者说客户在秋天看到"新春快乐"的网站祝贺语，那么客户对企业的印象肯定大打折扣。因此，应注意适时更新内容。在网站栏目设置上，最好将一些可以定期更新的栏目（如企业新闻等）放在首页上，使首页的更新频率更高一些。

（2）网站服务与反馈工作。企业应设专人或专门的岗位从事网站的服务和反馈处理。客户向企业网站提交的各种反馈表单、购买的商品、发到企业邮箱中的电子邮件、在企业留言板上的留言等，企业如果没有及时处理和跟进，不但丧失了机会，还会造成很坏的影响，以致客户不会再相信你的网站。

（3）网上推广与营销。要让更多的人知道你企业的网站，了解你的企业，就要在网上进行推广。网上推广的手段很多，大多数是免费的。主要的推广手段包括搜索引擎注册、注册加入行业网站、邮件宣传、论坛留言、新闻组、友情链接、互换广告条、B to B 站点发布信息等。除了网上推广外，还有很多网上与网下结合的渠道。比如将网址和企业的商标一起使用，通过产品、信笺、名片、企业资料等途径可以很快地将企业的网站告知客户，也方便客户从网上了解企业的最新动态。

（4）不断完善网站系统，提供更好的服务。企业初始建网站一般投入较少，功能也不是很强。随着业务的发展，网站的功能也应该不断完善以满足顾客的需要，此时使用集成度高的电子商务应用系统可以更好地实现网上业务的管理和开展，从而将企业的电子商务引向更高的阶段。

任务实施

实训背景：肯·罗布是迪克连锁超市的高级营销副总裁，他有一个超越竞争对手制胜的秘密武器。这个秘密武器是当他的顾客来商场采购时，他十分了解这些顾客想要买些什么。

这一点连同超市所提供的优质服务的良好声誉，是迪克连锁超市对付低价位竞争对手及类别杀手的主要防御手段。迪克超市采用一种数据优势软件，对扫描设备里的数据加以梳理，即可预测出顾客什么时候会再次购买某些特定产品。接下来，该系统就会"恰如其时地"推出特惠价格。

它是这样运行的：在迪克超市每周消费 25 美元以上的顾客每隔一周就会收到一份

定制的购物清单。这张清单是根据顾客以往的采购记录及厂家所提供的商品现价、交易政策或折扣共同派生出来的。顾客购物时可随身携带此清单也可以将其放在家中。当顾客到收银台结账时，收银员就会扫描一下印有条码的购物清单或者顾客常用的优惠俱乐部会员卡。无论哪种方式，购物单上的任何特价商品都会被自动予以兑现，而且这位顾客在该店的购物记录会被刷新，生成下一份购物清单。

"这对于我们和生产厂家都很有利，因为你能根据顾客的需求定制促销方案。由此你就可以作出一个与顾客商业价值呈正比的方案。"罗布说。促销活动的时间会恰好与每一位顾客独有的购买周期相吻合，而对这一点，罗布通过分析顾客的以往购物记录即可作出合理预测。

"顾客们认为这太棒了，因为购物清单准确地反映了他们要购买的商品。如果顾客养有狗或猫，我们就会给他提供狗粮或猫粮优惠；如果顾客有小孩，他们就可以得到孩童产品优惠，比如尿布及婴幼儿食品；常买很多蔬菜的顾客会得到许多蔬菜类产品的优惠。"

罗布利用从其顾客处所得到的信息向顾客们提供了竞争对手无法轻易仿效的激励，因为这些激励是根据每个顾客独自的爱好及购物周期而专门设计定制的。一位顾客在迪克超市购物越多，超市为其专门定制的优惠也就越多，这样就越发激励顾客保持忠诚。

罗布将这种信息看作自己的小秘密。"在多数情况下，"他说，"如果你的对手想了解你的商品价位，他们只需到你的店里查看一下货架上的价格标签，要么也可以浏览一下你每周的广告。但是，有了这种购物清单，竞争对手对你目前所做的一切一无所知，因为每位顾客的购物清单都不一样。"

分析罗布经营成功的秘诀是什么？

实训要求：各小组以 PPT 的形式展示结果。

⊕ 任务反馈

_____

_____

_____

项目小结

本项目从戴尔"网上直销"成功的经验，探讨了企业电子商务运作及其在企业信息管理中的地位和作用。主要有以下关键知识：电子商务的概念和功能、电子商务对企业管理的作用、电子商务下企业信息资源管理、企业网站一般要素。

营销谚语

创新是做大公司的唯一之路。

项目五　企业物流管理

任务一　初识物流

试一试

小组扮演一家物流公司，模拟物流公司的岗位及工作流程。

想一想

请你列举一些物流公司的名称？

经典赏析

"一骑红尘妃子笑，无人知是荔枝来"说的是有中国古代四大美女之称的杨贵妃喜吃新鲜荔枝，唐玄宗为了宠妃，将南方新鲜荔枝一夜之间送抵京城的故事。诗句当中体现帝王之家奢靡浪费之余，也不难找到古代物流的影子。可是目前，曾经王侯将相才能吃到的贡品荔枝，已经成为寻常百姓家随处可见的普通水果，除此之外，东北大米、海南杜果、山西大枣等都已经遍及大江南北甚至全球各地。这些都是谁的功劳呢？

评一评

请观察生活中的物流现象，洞悉形形色色的物流。评一评物流业务在企业中的作用。

相关知识

产品由企业到达顾客手中，不仅要通过所有权的转移，而且要经过运输、储存、装卸、配送、信息处理、包装、流通加工等活动，构成了企业销售系统的物流系统。当今，物流已成为第三利润源。因此，物流系统的策划对于降低成本、增强竞争实力、提供优质服务、提高企业效益具有重要的意义。

一、物流系统的作业

（一）物流的定义

物流译自英文（Physical Distribution），是指通过有效地安排商品的仓储、管理和转移，使商品在需要的时间到达需要的地点的经营活动。物流的任务，包括原料及最终产品从起点到终点使用点或消费点的实体移动的规划与执行，并在取得一定利润的前提下，满足顾客的需求。

物流的职能，就是将产品由其生产地转移到消费地，从而创造地点效用。物流作为市场营销的一部分，不仅包括产品的运输、保管、装卸、包装，而且还包括在开展这些活动的过程中所伴随的信息的传播。它以企业销售预测为开端，在此基础上来制订生产计划和存货水平。生产计划规定采购部门必须订购的原料，并作为原材料存入仓库。原料再转变成制成品。而制成品存货是顾客订购与企业制造活动的连接点。顾客订购使制成品的存货水平降低，而制造活动则使之上升。产品经过装配线、包装、厂内仓储、装运处理、出厂运输、厂外仓储，最终送到顾客手中。

（二）物流成本

每一个特定的物流系统都由仓库数目、库址、规模、运输策略及存活策略等构成，因此，每一个可能的物流系统都隐含着一套总成本，可用数学公式表示为：

$$D = T + FW + VE + S$$

式中：D——物流系统总成本；

　　　T——该系统的总运输成本；

　　　FW——该系统的总固定仓储成本；

　　　VE——该系统的总变动仓储成本；

　　　S——因延迟销售所造成的销售损失的总机会成本。

在选择和设计物流系统时，要考虑各种系统的总成本，然后从中选择总成本最低的物流系统。

(三) 物流的作业

物流系统是通过运输、存货仓储、网络、信息等的协调及材料搬运和包装等活动来实现的。

1. 包装

分销包装和运输。这里指的是运输包装，其目的是保护商品，便于运输储存。实体分销中，商品的包装材料、包装形式要与分销过程中运输、仓储、装卸等环节相应。

2. 运输

运输是指生产企业向商品购买者发运商品的活动过程。运输决策包括两方面：一方面，根据所运商品对运输时间与运输条件的具体要求，选择适宜的运输方式，包括铁路、公路、水路、航空、管道等。另一方面，决定发运的批量、时间及最经济的运输路线等。

3. 仓储

仓储是指生产企业利用仓库储存产品。仓储决策包括是否使用仓库。若使用仓库，则决定自建还是租赁；若自建仓库，则须考虑选址。设计仓库的类型、结构、规模等问题。

4. 搬运装卸

商品要运输，仓储就必然要搬运装卸。其内容包括商品的装上卸下，移动、分类、堆码，搬运操作中要动用各种机械设备及相应的人力。在商品实体分销过程中，搬运装卸的次数、质量，都会影响到产品成品。

5. 存货控制

存货控制包括决定和记录商品的存放地点、储存结构、合理储存量和顾客需要的发货量及发货时间等。其中最主要的是储存量的大小。企业一方面要力求减少库存，节省费用，另一方面又要保持足够的库存水平以保证在顾客需要时能及时组织发货。

6. 订单处理

订单处理包括接收、查核、记录、整理、汇集订单和准备发运等工作。生产企业收到顾客订单后，应先检查订单是否正确，然后按订单要求的品种、规格、数量、准确发货给顾客。

上述六方面的作业结合起来形成"物流系统组合"，从而成为分销策划的一个需要组织部分。

二、物流系统的设计

策划物流系统设计时，必须有效地利用数据。具体来说，策划物流系统化时，要把从生产到消费过程中的货物量作为一贯流动的物流量来看待，依靠缩短其间路线，作业的合理化、现代化等手段，谋求降低总成本。

（一）仓库系统的设计

仓库系统的设计包括仓库选址、仓库数量和仓库类型。

1. 仓库选址

选择仓库地址时主要考虑仓库位置与每个顾客的间距，以及所需运输总量。既要方便，及时给每个顾客运送货物，又要设法使运费降到最低。

2. 仓库数量

生产企业的仓库数量多，分散于各地，可更好地满足顾客的供货要求，可降低运输费用。但仓库多，支付的租赁费、仓库设施的投资费用也大。所以，决定仓库数量时，应把这两方面结合起来考虑。

3. 仓库类型

首先考虑是自建还是租赁。自建仓库可更适合本企业的特点需要，但建库投资较大。租赁仓库不需投资，需支付租金，可根据需要随时调整增减，较为灵活，但不一定完全适合企业的特点需要。其次考虑仓库的类型、规模。单层仓库可降低搬运费，但地基面积大，土地投资费较高。多层仓库的搬运费较高，但土地投资较低。

生产企业在进行企业仓储决策时，应根据具体情况而定。随着新技术的发展，由计算机控制的简捷、自动化的仓储系统将逐渐代替以人工操作和半自动化为主的仓储形式。目前，西方发达国家许多大公司已实现了仓储自动化。

（二）运输系统的设计

在运输系统的设计中，必须根据产品和市场情况将产品及时、准确、安全地运往目的地。

在满足顾客要求的条件下，以最低的成本进行设计。目前所使用的运输方式，一般可以分为铁路、公路、水路、航空、管道五种，各种运输方式在运输速度、成本、便利性、运载能力等方面的比较如下表所示。

各种运输方式的比较表

比较项目	排列次序				
	1	2	3	4	5
速度	航空	公路	铁路	水路	管道
成本	水路	管道	铁路	公路	航空
便利性	公路	铁路	航空	水路	管道
运载能力	水路	铁路	管道	公路	航空

由于各种不同运输方式受各自所要求的条件的限制，所以一般只靠一种运输方式很难完成产品的运输任务。因此，在实际的运输方式选择中，多采取两种或多种运输方式结合使用。如使用铁路和公路联运，水路和公路联运，或水路、铁路、公路联运等。集装箱技术的发展也为不同运输方式的联运创造了良好的条件。

（三）库存系统设计

企业在库存设计中，一般是从增加存货造成的成本增加和因存货增加可能增加的销售额和利润额两方面综合考虑。企业的库存设计主要包括两方面内容：一是确定订货点，二是确定订货量的大小。

订货点是指重新开始订货时的存货水平。即当库存量减少到这一水平时，就必须重新订货，以补充库存。在决定订货点时，还应考虑其他不可预见的因素和市场需求的变化。因此，通常实际订货点比理论订货点要稍高些，以保证有一个安全库存量，保证不因库存量的不足而造成交货延误。但是，也不能为追求安全库存量而无限制地提高订货点。因为提高订货点就意味着提高存货成本。因此，订货点的确定仍是从成本和收益两方面权衡来决定的。

在订货点的确定中，主要考虑两方面因素：一是从订货到交货时间的长短，二是市场需求及其变化。对于订货到交货的时间，一般是比较容易确定的，而对于市场需求及其变化，则需要认真进行市场研究才能确定。

（四）配送系统的设计

配送系统，也称配送中心、购物中心，是集商流、物流、信息流于一体的现代化经营设施。策划配送系统的设计，应该注意以下几个主要问题。

1. 配送模式的定位

就目前情况来看，我国大致有四种模式。

（1）企业（集团）内自营型配送模式。即企业（集团）通过独立组建配送中心，实现内部各部门、厂、店的物品供应——配送。它在满足企业（集团）内部生产材料供应、产品外销、零售场、店供货和区域外市场拓展等企业自身需求方面发挥了重要作用。较典型的就是连锁企业的配送。

（2）单项服务外包型配送模式。主要是由具有一定规模的物流实施设备（库存、站台、车辆等）及专业经验、技能的批发、储运或其他物流业务经营企业，利用自身业务优势，承担其他生产性企业在该区域内市场开拓、产品营销而开展的纯服务性的配送。

（3）社会化的中介型配送模式。即通过与上家（生产、加工企业）建立广泛的代理或买断关系，与下家（零售店铺）形成较稳定的契约关系，从而将生产、加工企业的商品或信息进行统一组合、处理后，将客户订单的要求配送到店铺。

（4）共同配送模式。即配送经营企业间为实现整体的配送合理化，以互惠互利为原则，互相提供便利的配送服务的协议关系。美国的沃尔玛、日本的 Seven – Eleven 等公司的商品配送业务大多都是委托社会物流企业承担，或与专业运输公司、仓储公司等社会物流企业合作建立物流配送中心。例如，麦当劳公司所拥有的当今零售市场中最复杂、最先进的配销系统也是由专业化配销公司代理的。麦当劳所用的东西，从可口可乐到洗手液，从薯条到牛肉都由配送中心负责，是麦当劳公司与供应商、配送代理商真正建立了共存共荣的关系。

2. 配送中心的设置

配送中心主要有采购、配送和其他辅助功能。下面以典型的商业系统配送中心——连锁店配送中心为例，阐述策划配送中心的设计及流程。

第一，首先考虑的是配送中心的地理位置和配置数量。日本家庭连锁店的物流半径确定为 30 千米，也就是说，各连锁分店可在 30 千米以内的配送中心进货。在半径 30 千米的圈内，设 70 个店铺，一个配送中心。每个配送中心有 4~5 辆车根据总部的送货单送货，一辆车一次可为 10~15 个店铺送货，若装车合理，送货则更方便，经济效益可得以充分体现。

第二，必须配备必要的现代化设施。配送中心和各分店都应具有总店提供的计算机终端，实现电脑网络化。通过现代化电脑网络的 POS、EOS 等系统，不但可提高订货与收货的精确性，提高销售能力，降低库存，节省人力，还可以及时收集、掌握各方信息，进行分析比较，作出正确决策。

第三，为实现配货的自动化，配送中心还必须普遍建立条码自动扫描系统。运用条码就可利用电脑控制进行配货、检验等工作。配送中心一般设有采购部、储运部、开发部、计划部等专门组织进行协调和管理，全权组织进货，负责商品的统一定价，办理发货业务，组织店内资金的合理使用，制订并实施职工培训计划，组织各项业务指标的落实，负责发展主营店的前期准备工作等。

任务实施

实训背景：参观我校的物流仓库。

实训要求：根据参观的结果设计一份食品的库存方案（要求：30 种商品）。

⊕ 任务反馈

任务二　物流企业

✍ 试一试

请分析物流企业的成本控制技巧或方法。

😊 想一想

物流企业和生产企业的不同点。

📖 经典赏析

海尔物流自 1999 年成立至今，凭借先进的管理理念及物流技术应用，被中国物流与采购联合会授予首批"中国物流示范基地"和"国家科技进步一等奖"，同时也先后获得"中国物流百强企业""中国物流企业 50 强""中国物流综合实力百强企业"和"最佳家电物流企业"等殊荣。

海尔物流在海尔集团"人单合一"管理模式的战略思路指导下，进一步为全球客户提供有竞争力的物流运作服务，该模式被国际管理界誉为"号准全球商业脉搏"的管理模式，它为解决全球商业的库存和逾期应收提供创新思维。

海尔物流注重整个供应链全流程最优与同步工程，不断消除企业与外部环节的重复、无效的劳动，让资源在每一个过程中流动时都实现增值，使物流业务能够支持客户实现快速获取订单与满足订单的目标。

海尔物流依托海尔集团的先进管理理念及海尔集团的强大资源网构建海尔物流的核心竞争力，努力打造具有全球竞争力的物流平台，成为全球最具竞争力的第三方物流企业。

评一评

以海尔物流为例，说一说什么是第三方物流企业。

相关知识

一、物流企业

（一）代理公司

1. 货代公司

货代，从字面来看是货物代理的简称。从工作内容来看是接受客户的委托完成货物运输的某一个环节或与此有关的环节，涉及这方面的工作都可以直接或间接地找货代来完成，以节省资本。货运代理是指在流通领域专门为货物运输需求和运力供给者提供各种运输服务业务的总称。它们面向全社会服务，是货主和运力供给者之间的桥梁和纽带。

2. 船代公司

船代负责船舶业务，办理船舶进出口手续，协调船方和港口各部门，以保证装卸货顺利进行，另外完成船方的委办事项，如更换船员、物料，伙食补给，船舶航修等。有时船方也会委托船代代签提单。

（二）各类运输企业

（1）公路运输企业。利用公路运载工具为客户完成运载服务的企业。

（2）铁路运输企业。利用铁路运载工具为客户完成运载服务的企业。

（3）航空公司。利用各类航空飞行器作为载运工具，为客户完成运载服务的企业。

（4）管道运营公司。利用长距离专用管道作为载运工具，为客户完成运载服务的企业。

（三）仓储公司

以仓库为主要生产工具，为客户提供货物保管储存业务的企业。

（四）快递公司和邮政企业

（1）快递公司。为客户提供快速货物投递服务的企业。

（2）邮政企业。按国家规定承担提供邮政普遍服务义务的企业，即按照国家规定的业务范围、服务标准和资费标准，为中华人民共和国境内所有用户持续提供邮政服务的企业。

（五）生产型企业的物流部门

企业的生产物流活动是与整个生产过程伴生的，实际已经构成生产过程的一个重要组成部分。因此随着物流的不断发展，生产企业意识到在这类企业当中，更应当从生产过程入手研究实施物流方案。

二、认识物流岗位群

（一）物流行业人才需求层次

首先是物流的操作型人才。由于我国的物流行业发展实时较短，社会上了解现代物流的概念，并能按要求完成物流单元环节操作的技术人才还不多。随着我国物流专业化、现代化程度的不断加深，社会对这类技术型人才的需求数量将十分巨大。

其次是物流的管理型人才。物流的核心在于通过现代化的管理理念和手段来降低物流成本，提高效率，进而在整个供应链条上实现物品、信息和资金的高效、快速流动，为企业创造新的价值。其本质就是管理，这种管理最终要通过具备现代物流理念和管理能力的高素质管理人才来实现，而我国物流业最紧缺的就是这类人才。

（二）物流从业人员的素质要求

1. 接受环境挑战的意识

物流作为一种产业，是由无数个与货物打交道的企业所构成的。物流一线操作涉及的内容一般包括原材料和产品的储存、装卸、包装、运输、配送。物流操作现场大多在城市边缘的车站、机场、港口、码头附近，少有现代都市的生活气息和繁华；车队、库房大多比较简陋，不少是露天堆场。作业时蚊叮虫咬、风吹雨打，夏天太阳晒，冬天寒风刮是常有的事，与大都市写字楼的工作条件相差甚远。简陋的条件和环境是横在城镇就业者面前一道难以迈过的坎儿。到物流一线就业首先就要战胜自我，从想象的那种坐在电脑前打打单证，坐在会客厅里洽谈业务的境界中摆脱出来，面对现实，勇敢地接受条件和环境的挑战，克服困难，脚踏实地，经受住艰苦环境的考验。

2. 作业风险防范意识

物流一线作业，就是接受客户、货主的委托，通过储存、装卸、包装、运输、配送等环节的操作，实现对客户、货主的承诺。客户、货主委托作业的商品都是有价值的实物，有的还十分昂贵，一铲一托、一包一箱就是成千上万元的价值。物流作业现场不测因素多，极易发生差错、质变、溢缺、破损、丢失等事故，无论发生何种事故，低廉的服务费用是远远抵偿不了巨大的经济和信誉损失的。物流作业决不是有些人认为的收发、搬运的简单劳动，而是一种风险大，关系到客户、货主、企业、个人切身利益的业态。走上物流一线作业岗位，必须熟悉商品，严格遵守操作规则，坚守岗位，精力集中，尽心尽责，杜绝差错和各类事故的发生。

3. 吃苦耐劳的精神

"入世"以来，国际竞争国内化，国内竞争国际化的趋势越来越明显，市场需求日益朝着多品种、少批次、周期短、流速快的方向发展。客户、货主对物流服务的要求也趋向于高质量、快节奏，用以提高企业的竞争力。从这一意义上讲，速度就是优势。因此，许多物流一线的理货员既当收货员，又当发货员，同时又是统计员，长途运输司机常常顾不上吃饭睡觉，大家都在抢时间、争速度。与传统仓库、车队的慢节奏相比，劳动强度、苦累程度不可同日而语。由此可见，有无吃苦耐劳的精神，是物流一线员工能否胜任本职的关键。

4. 自我保护意识

物流一线作业员工整天同装卸设备、运输车辆和货物打交道，极易发生翻车、货垛倒塌、机具碰撞、火灾、中毒等事故，轻则致人伤残，重则人命关天。作为企业要把一线员工的人身安全放在高于一切的位置，采取切实可行的防范措施，同时购买人身、设备和货物保险。作为一线操作员工，既不能人人自危，临场胆怯，更不能掉以轻心，盲目乱干。只要心中时刻想着安全，处处小心防范，严格遵守规章制度和操作规程，各类事故都是可以避免的，人身安全就有了保证。

5. 保持平常心和宽容心

在物流市场，客户、货主是上帝，他们在业务外包和服务价格上握有主导权，对物流协作单位有取舍的权力。他们中有的以救世主自居，发号施令，更改和增加服务内容，有的无理指责、刁难、侮辱和投诉物流一线作业员工。如果抗争吃亏的总是物流员工，不少一线操作员工觉得低人一等，常常感到窝火和委屈。企业领导经常与客户、货主加强沟通，增进双方的理解和友谊是很重要的，更重要的是员工自己要保持一颗平常心和宽容心，能作出说明的，要以正当的理由作出委婉的解释，无法解释的请求上司出面协调。但无论如何都要按照作业要求，确保服务质量，以此赢得客户、货主的尊重与理解。

6. 承受巨大寂寞压力

物流一线一般是指仓库、码头、堆场、机场。作业人员整天与货物打交道，点数量、记数字，有时见物不见人，连个说话的人也没有。年轻人很难耐得住寂寞，有的借故串岗、离岗。这样很难不造成差错和事故，这种现象多了，工作岗位就难保。不少物流企业的年轻员工就是因为耐不住寂寞，擅离职守，造成差错，造成损失而被辞退的。选择物流行业就业，就要了解这一特点，就要有足够的思想准备，到了工作岗位上，就要专心，坚守岗位，聚精会神，把件数点清，把数字记清。为企业尽责，向客户负责，也向自己负责。

7. 处理好人际关系

物流一线，是中低端的服务场所，表面上看，紧紧张张，忙忙碌碌，其实人际关系也同样复杂。表现在工作上干多点、少点斤斤计较，厚此薄彼感情用事，说三道四搬弄是非，成团成伙关系庸俗，仗义执言遭受非议，出了差错扯皮推委。这些问题如果没有正确的认识、正确的态度和方法，很容易把关系弄复杂化，影响心情和工作。正确的态度和方法是少说多干，少参与是非的议论，有了瓜葛牵扯就及时说明情况，消除误会和隔阂，必要时直接与上司沟通，争取理解和支持。一句话，就是要把主要的精力用在业务知识的钻研和做好本职工作上，这才是最重要的。

8. 扎扎实实打基础

近几年来，物流人才的需求成了大热门，几十万元年薪的待遇很吸引人。何谓物流人才？笔者以为应是有大专以上学历，有物流供应链上某一环节或多个环节的操作经历，有较强的系统设计、信息处理、客户服务、资源整合和市场开拓能力，有良好的经营管理业绩者。是不是物流人才，不单要有学历和专业知识，更要有丰富的实践经验和出众的经营管理业绩，也就是说物流人才是在实践中锻炼成长起来的。物流一线作业是物流人才的成长基地，要成为物流人才，就得从一线干起，在一线增长才干。一线的基础夯实了，才有开拓的思路，创新的举措，才能显示出过人的才华，创造出骄人的业绩，一步一个脚印地迈入人才的坦途。

9. 学会一专多能

物流行业竞争激烈，生意难做，分工太细，用人太多，会加大企业的成本支出。因此，企业领导，人事经理不得不在用人成本上动脑筋，做文章，想办法。一个人能干几个人的工作，一专多能的操作工当然是企业的首选。现在，复合型的操作工、业务员已经成为物流用工的趋势。写字楼里的白领，不管是做进口、还是出口的，不论是做海运、还是做空运的，都应当会报关、报检、报验，还要会上下游和相关岗位的操作，那就显示出了价值。连最简单的仓库工作也是这样，过去的工作分工很细，管收货的不管出货，管备货的不管保管，理货的与装车不搭界。还有运输的驾驶员与交单、送货、搬运是两码事。现在就不一样了，要求一个人熟悉、会做、能做几个人的活儿。因此，从业人员必须刻苦学习，掌握多项本领，这样的人企业才欢迎，才能发挥大的作用。

任务实施

实训背景：请列举生活中的物流现象。

在我们的生活中，充斥着形形色色的物流现象，蔬菜是怎么到我们的饭桌上的？汽车加油为什么可以到任何一个加油站？为什么在北方的城市随处可以买到香蕉和菠萝？

实训要求：请大家开动脑筋，开拓思路，列举生活中的物流现象。

任务反馈

_____

_____

_____

项目小结

本项目从海尔物流业务的发展直接降低企业成本的成功经验，探讨了什么是物流，进一步阐释了物流管理定义。

物流管理是指为了以最低的物流成本达到客户满意的服务水平，对物流活动进行的计划、组织、协调与控制。

营销谚语

每一天都会有一个机遇，每一天都会有一个对某个人有用的机遇，每一天都会有一个前所未有的、绝不会再来的机会。

参考文献

［1］赵永生．现代企业管理［M］．北京：清华出版社，2004．

［2］林宏，余向平．现代企业管理［M］．杭州：浙江大学出版社，2004．

［3］徐春立，苑泽明．财务管理［M］．北京：经济科学出版社，2003．

［4］章达友．人力资源管理［M］．厦门：厦门大学出版社，2003．

［5］胡君辰，郑绍濂．人力资源开发与管理［M］．上海：复旦大学出版社，2004．

［6］孙柏英，祁光华．公共部门人力资源管理［M］．北京：中国人民大学出版社，1999．

［7］吴照云．企业管理学［M］．北京：经济管理出版社，2003．

［8］刘耀宗．企业信息系统和管理信息系统发展趋势［J］．重庆建筑大学学报，2002（3）．

［9］刘宁杰．企业管理［M］．大连：东北财经大学出版社，2005．

［10］徐飞．战略管理［M］．北京：中国人民大学出版社，2009．

［11］邹昭晞．企业战略管理［M］．北京：中国人民大学出版社，2012．

［12］王铁男．企业战略管理［M］．北京：科学出版社，2010．

［13］魏杰．现代企业管理学［M］．北京：中共中央党校出版社，2000．